DENGNI ZAI QINGHUA

等你在清华

梁岩涛 / 主编

吉林文史出版社
JILINWENSHICHUBANSHE

图书在版编目（CIP）数据

等你在清华 / 梁岩涛主编 .-- 长春：吉林文史出版社，2019.1（2023.6 重印）

ISBN 978-7-5472-5782-1

Ⅰ . ①等… Ⅱ . ①梁… Ⅲ . ①高中生—学习方法②高考—经验 Ⅳ . ① G632.46 ② G632.474

中国版本图书馆 CIP 数据核字（2018）第 265662 号

DENG NI ZAI QINGHUA

书　　名　**等你在清华**

主　　编　梁岩涛
责任编辑　王丽环
封面设计　余　微
出版发行　吉林文史出版社
地　　址　长春市福祉大路出版集团 A 座　邮编：130118
网　　址　www.jlws.com.cn
印　　刷　唐山玺鸣印务有限公司
开　　本　880mm × 1230mm　1/32
印　　张　8
字　　数　200 千
版　　次　2019 年 1 月第 1 版
印　　次　2023 年 6 月第 8 次印刷
书　　号　ISBN 978-7-5472-5782-1
定　　价　35.00 元

CONTENTS
目　录

第一章　奋斗篇

心中有梦　促我前行

那一刻，无论你是大笑、流泪，抑或是疯狂地发泄，你的心中都会真切地感到，这三年经历的每一次困难与失败，付出的每滴汗水，都是值得的。你可以毫不愧疚地说，高中这三年，是一段为了梦想而执着奋斗的历程。尽管很苦、很累，但它是我生命中一段弥足珍贵的记忆：那些年，我们一起奋斗的无悔青春！

第二章　青春篇

爱我所爱　无怨无悔

每个人都拥有过一场青春，一段可歌可泣的时光，一份让人回味终生的记忆。而这如诗如画的花季便在每个人的学生时代，更确切地说是高中时代，绽放出繁复而璀璨的光芒，照耀在一生的路上。

第三章　技巧篇

掌握方法　各个击破

兴趣、积累、冲刺、迎战这四个关键词概括了我关于文综学习的心得体会。最后我想强调的一点，是实践是检验真理的唯一途径。任何理论性的指导都只能在实践中展现效能，期待学弟学妹们能在高中的学习中不断领悟并找到适合自己的学习方法，找到属于自己的一条通向清华、北大等名校的道路！

DENGNI ZAI QINGHUA

第一章　奋斗篇

心中有梦　促我前行

那一刻，无论你是大笑、流泪，抑或是疯狂地发泄，你的心中都会真切地感受到，这三年中经历的每一次困难与失败，付出的每滴汗水，都是值得的。你可以毫不愧疚地说，高中这三年，是一段为了梦想而执着奋斗的历程。尽管很苦、很累，但它是我生命中一段弥足珍贵的记忆：那些年，我们一起奋斗的无悔青春！

姓　　名：邹心之

毕业学校：辽宁省营口市开发区第一高级中学

高考成绩：总分685　语文117　数学140　英语143

　　　　　理综285

院　　系：清华大学生命科学学院

让未来的你，感谢今天的自己

风扫落叶，雨打残荷。深秋的北京，一切都是那么寂静，常常一个人裹紧外套，散步在清华的小径上，或是思考着复杂的问题，或是什么都不想，只是静静地享受这种难得的静谧。有时会突然想起，那段不寻常的日子，那些难以忘怀的人，不自觉地在嘴角露出难以察觉的一丝微笑，只因那段青春无悔的岁月。

三年来的点点滴滴，经历时并不觉得，真正走过之后，才觉得弥足珍贵。我们在一次次失败中学会成长，在一次次成功后懂得谦虚，在一次次吵架后珍惜友谊。走进高中之前我们还是懵懂无知的孩子，而当我们终于走出校门各奔东西的时候，才发现三年的时间已经让我们彼此融合成为一个难以分割的整体。尽管分离是必然的，但生活给我们留下的回忆却刻骨铭心。这三年，因为有父母的支持，老师的教导，同学的陪伴，还有自己的努力，成为人生中难以抹去的记忆。今后无论何时何地，我都会感谢曾经在高中拼命学习的自己。如果没有那时的我，便不会有现在的一切。

而今，每次在清华收获到从未有过的感动，每次在不知不觉间成长，我都会感谢那些年拼命努力的自己，感谢自己没有放弃，即使是面对堆积如山的卷子，即使是面对不及格的成绩，即使是面对空虚孤独与寂寞。也许，没有经历过高三的人会有一种恐惧，恐惧这所谓的人间地狱。可是每一个真正走过那三百多个日日夜夜的学生都会发现，当回忆起那段岁月的时候，或许更多的是一种淡然与从容，或许会为自己感到由衷的骄傲。因为不管现实有多艰难，我们都挺了过来；不管希望有多渺茫，我们还是相信努力就会有结果。

勇攀高峰，迎难而上

对于我来说，学文还是学理是一个艰难的选择，我的优势在于数学、英语和记忆，所以适合学文科，但是我的兴趣却在生物和化学。谢谢我的爸爸妈妈，他们尊重了我的决定，最终同意我选择理科。但是，这就意味着此后的两年我将面对最不擅长的物理。不知为何，从开始学物理，我就有一种抵触，也许是缺乏一种分析抽象事物的能力，每每都是因为想当然而错得一塌糊涂。高一、高二我花在物理上的时间甚至比数学还要多，做了很多很多的题，投入大量的精力，但实际上却没有收到想象中的效果，成绩也是忽上忽下。即使是到高三的第一次月考，还差点没有及格。在仅仅剩下不到一百天的时间里，如果不能把物理成绩稳定下来，一切理想都只是幻影。我开始怀疑我的学习方法是否出了问题。渐渐发现，作为一门自然科学，物理更多的是现象，也就是题型。之前，我把大量的时间都花在做题上，但却没有总结归纳，每一道题都只是孤立地存在，而真正提高分数的方法在于总结解题方法。所以，当调整了自己的学习方法之后，我又一次怀着满满的信心和无比的热情投入到物理的攻坚战中。我开始反复地看书，不仅局限在记住书上的公式，更要理解每一本书上列出的现象以及由现象抽象出的例题，然后总结之前整理的错题，把每一个题型总结出恰当的解题方法。就这样，经过艰难的探索和不懈的努力后，最终在高考中以物理满分的成绩，为我三年来的汗水与泪水画上了圆满的句号。在这个漫长而艰辛的过程中，支持我一步步走下去的是老师和同学一遍遍不厌其烦的讲解，是父母信任的目光，还有自己对理想坚持不放弃的信念。如今，回头想想当时顽强得有些固执的自己，真觉得当时的自己很可爱。其实学习的魅力就在于：当你攀登上一座高山，站在巅峰的时候，收获的不仅是山顶的风景，还有一路上遇到难以预料的困难时，激发出的难以想象的潜力。每一次胜利，你都会发现一个不同的自己。只有迎难而上，在一次次的失败中看到下一次成功的可能，才能成为笑到最后的人。

博采众长，共同进步

有这样一群人，他们每天和你在一起的时间甚至比父母还长：他们和你一起吃饭，一起睡觉，一起哭，一起笑；一起上课，一起考试；他们在你需要帮助的时候挺身而出；有时还会成为你的对手，他们就是一直相伴的同窗。其实，他们的身上藏着难以想象的宝藏：有的人做的笔记特别全，有的人思维特别敏捷，有的人总会有解题的新方法，有的人总能写出温柔得好像能滴出眼泪的作文……既然他们就在我们周围，何不互相学习呢？我和班上的另一位考入清华大学工程力学系的同学，一直都是互相学习、共同进步的。她的文科稍弱，我的理科稍差，正好形成优势互补。我们俩虽然在每次考试中都是竞争对手，但其实在生活中是最铁的哥们。我们经常互相借笔记，讨论问题，实在讨论不出结果就一起去请教老师，既查漏补缺，又收获了不可替代的友情。最后，我和她在高考中都没有因为自己曾经的弱科拖后腿，最终也都如愿以偿，走进了清华大学。学习中竞争必不可少，有竞争才会有进步，但我觉得若是因为竞争破坏了正常的同学关系，则大可不必。我们最终要面对的对手不是身边的同学，而是那张高考卷子。我们应该在相互学习中共同进步，不能以超过别人为目的而不择手段。我们其实都是战友，尽管高考只是一场没有硝烟的战争，但战友之间那种情谊真的值得彼此铭记。

心态决定一切

当距离考试只有三十天的时候，看着黑板上每天都在不知不觉减少的数字，不管是谁心中都会有一种异样的变化吧。而此时，每天所要完成的作业和要复习的知识也越来越多，很多人迷失了方向，好像每天都很忙碌，但仔细想想真的没有学到什么。这个时候及时调整学习状态是极其关键的，因为真正对结果起决定性作用的是心态。不管怎样都要做到“宠辱不惊，闲看庭前花开花落”。无论每次的考试结果如何，都要记住，成绩只代表过去。我的一位学长曾经说过，高考就是一锤子买卖。无论过去成绩怎样，只有高考能证明自己。所以，平时考试的真正价值或许在于发现我们存在的问题。就像我妈妈说的："希望你平时的考试都考差一点，那样就能发现以前没有发现的问题，然后解决掉。越到最后，越要稳住阵脚。"直至高考前夕，我对高考都没有感觉，为此还曾经向我的老师们请教过，他们说只有胸有成竹的人才能看淡高考，才能在高考中发挥出真实的甚至于超常的水平。其实，每一个参加过高考的人都知道，真正的成功不是你做对多少你不会的题，而是你能发挥出多少平时的水平。同样我也有遗憾，我的数学栽在两道很简单的填空题上，白白丢掉了十分，但是对结果影响并不是很大。在这个世界上，没有人能做到完美，也没有人在回忆的时候会毫无遗憾。所以不必苛求自己做到极致，顺其自然往往会收获真正期待的结果，保持一颗平常心。无论面对高考还是人生中其他关键的转折点，既然我们已经做到最好，何必还要苛求结果？结果只不过是为了向别人证明我们曾经努力过。

生活，其实无所谓累或不累，学习也是如此。累的只是我们追逐梦想的心。如果突然感觉自己好累，不如放下手头的作业，看看窗外操场上明媚的阳光和在阳光下坚持的人们；想想自己的理想，想想自己的未来，为了这些坚持下去是否值得；或者当你要放弃的时候，想想如果此时放弃，那之前的一切，是不是都付诸东流，是不是有些可惜。其实高三并没有你想象中那么漫长，走过之后，也许你会发现"不过如此"。

岁月无痕，流年沧桑，青春年华里的笔迹，即使没有意义，即便没有结局，也仍旧长久且永恒地存在着。因为至少我们在青春的日子里爱过，恨过，拼搏过，失败过，成功过，阴雨绵绵过，阳光明媚过，黯淡冷清过，锦瑟韶华过；至少我们还有前进的勇气；至少我们能搏一生青春无悔。高三的时候，我在笔记本扉页上写下了这么一句话：高考不是人生的全部，但努力是。我们努力着，拼搏着，不求结果，甚至不求有人欣赏，只求，至少在最美的年华，我们证明了自己。

因为高考，我们错过了很多美好，三月的生机，四月的新艾，五月的花香，只为在那六月，与新荷一起绽放出属于自己的美丽。

相信下一个六月，这个舞台上会留下你们的芳华绝代。

姓　　名：沃中原
毕业学校：安徽省铜陵市第一中学
高考成绩：总分649　语文96　数学133　英语134
　　　　　理综286
院　　系：清华大学土木工程系

只要你永不放弃

没有人能够一帆风顺地走过来，最后的成功者都是敢于向命运挑战，直至扼住命运咽喉的勇士！

我的高中三年，可以说与大家印象中清华北大学生应有的高中经历有着很大的出入。我身边的很多同学，他们或是各个地区的佼佼者，一路顺畅地来到清华，在他们之前的学习生涯中，一直都是班级乃至年级的翘楚，习惯了个位数的排名；或是竞赛保送生，取得过大大小小各类的竞赛奖项，全国乃至国际奥赛金牌并不稀见。而这些，都与我无缘。我所拥有的不过是最平凡的履历，一次次的失败，以及从失败中重新站起来的坚持与努力。

平凡中默默前行的高一

还记得三年前，我刚刚踏进铜陵市一中时的场景。一中是我们当地最好的重点中学之一，每年升入清华北大的学生都不在少数，也自然而然地成为我们最为憧憬的高中。当我从一所县城初中考入这里时，心中自信满满。多年来在自己班级中的良好排名，让我有理由相信，我可以在这里做得更好。三年后，我一定会实现录取通知书上的学校寄语——今天，你因一中而自豪；明日，一中以你为骄傲！

这是一份少年人特有的自信与轻狂，而命运，却总是在你志得意满时浇下一盆凉水——开学第一次考试，几乎每门功课都是低空掠过及格线，甚至还迎来了人生中的第一次不及格——英语 87 分。有一句话说道：打击一个人的最好方式就是摧毁他的骄傲。成绩，一直是我最自豪的方面，而这份骄傲，却被冷酷无情的现实“哐啷”一声，击打得粉碎。记得当时的我，拿着惨不忍睹的成绩单和充斥着红叉的各科试卷，心中感到无比的羞愧迷茫。羞愧，是因为我之前目空一切的妄自尊大；迷茫，则是因我在这样一所自己梦寐以求的中学中毫无竞争力的成绩。不过，凡事都具有两面性。这次教训虽然挫伤了我的自信，但也让我变得更加脚踏实地。我开始从最基础的一点一滴做起，默默地为自己许下的宏愿而努力。

不过，高中给我的自信心带来的打击远远没有结束。经历了第一次的惨痛失败后，在之后迥异于初中的学习生活中，更让我感受到自己与他人的巨大差距：老师讲授的概念，“学霸”们总是能够迅速理解，乃至能提出自己独特的见解，而我却在那些让我感到云里雾里的知识中挣扎，用自己最大的努力去啃一个又一个定义；那些他人化之于无形的难题，我却在竭尽所能后，只能报之以无奈的叹息；日常的小测验，我更是只能去仰望他人的成绩……这一切，都是我高中伊始学习生活最真实的写照：没有光彩照人的成绩，只有在痛苦中的挣扎经历。

在那段日子里，我也想到过接受不如人的现状，接受这个残酷冰冷的现实。可是，每当我想到“松懈”二字时，心中的那份不甘心便会骤然涌起——为什么我要承认这样一个不如意的状态，凭什么我会不如人？天赋的差距固然存在，但至少我应该去尝试，试着付出加倍的努力，去赢得哪怕一点点的改变。只要自己不曾倒下，就不会有任何事情能够击垮你！怀着这样的信念，我调整了之前萎靡不振的心理状态，努力去做好当下每一件事。同时，心中牢记自己与他人之间的巨大差距，并暗暗将消除这种差距作为自己努力的目标。

于是，我开始抓紧一切时间学习——对于那些一时难以理解的概念，宁可付出多于他人几倍的时间，也要彻底地弄明白。即使是在校车上，我也没有放弃点滴的学习时间——利用这片刻去记几个单词。甚至在饭桌上，当我想到某题的解法时，也会毫不犹豫地冲向书房……一次次地学习到深夜，看着窗外逐渐熄灭的万家灯火，我会在心中暗暗地对自己说，你在深夜中付出的努力，总有一天，会幻化成阳光下的硕果，而那时，你将独享这份甘甜。虽然有人说，无休止地与他人比较，是人生悲剧的根源。但在你梦想不甚清晰的时候，与他人的比较的确可以为你的努力奋斗增添很大的动力。没有人愿意认输，每个人骨子里都会有不服输、不安于现状的基因。当你能够调动起这股力量的时候，任何困难与坎坷都阻挡不了你前进的脚步。

终于，当我在泥潭中挣扎着前行了一个学期后，迎来了第一次期末考试。在我看来，这次期末考试意义非同寻常。它不仅是对高中第一个学期的学习成果的检验，更是对自己付出努力的价值的检验。最终，我取得了不错的结果。虽然在这之后，我不止一次地取得过更好的成绩，但这一次却给我留下了最为深刻的印象。因为，这个阶段性的成果，让我看到了希望，让我更加坚信：通过自己的不懈努力可以改变令人不满的现状，改变自己的弱势地位。因此，不要拿自己的天赋当逃避付出百分之百的努力的借口——命乃弱者借口，运为强者谦辞。这句话，我与大家共勉！

不曾怯懦——从竞赛与自招的失败中崛起

说到物理竞赛，其实我并没有付出太多的努力。很大一方面原因在于我的性格，天生缺少了一股冒险的勇气，总希望去追求更加稳妥的事物。这种性格使得我在高一文化课基础薄弱的时候，权衡再三，最终没有选择全力冲刺物理竞赛。即便如此，在高二那年，我也曾为物理付出了很多心血。面对那些艰深的理论，我也曾竭尽所能去步步深挖深入理解。尽管，竞赛更加强调先天的悟性，但我依然为之付出了不少的努力。我也曾因一个概念的理解问题，与小组中的强手争论得面红耳赤；也曾因个别难题的困扰而心思郁结；也曾在考前的几个月里玩命般地做题，甚至用国外的赛题做了几份模拟卷。这一切的努力，都让我对结果多了几分期待。但是，这一切希冀都在理论考试结束的那天中午化为了泡影。整整一年后，我写下了一句对于当时状态的描述：在那之前，我从未看过如此绝望的眼神；自那之后，从未见到谁的眼神如此绝望。这次失败，已经深深地刻入了我的骨髓。尽管进入了实验考试，尽管在实验考试中取得了全省第二高的分数，却依然不能改变最终只是二等奖的事实。或许，这正如我的班主任所说，你所取得的一切成就，都是水到渠成，自然而然的。但要真正去面对这个失败，面对自己的努力付诸东流的残酷现实，尽管知道自己可能真的实力不济，心中的失落也是在所难免的。那段时间里的自己，虽然在人前依然强作笑颜，依然斗志昂扬，可是那份打心底涌出的挫败感，却让我整日浑浑噩噩，无法全力投入学习。而这一切，竟然发生在我的高三——一个中国大部分学生都在拼尽全力的时间段。

如果说，物理竞赛的失败，可以归结为我付出的努力不够，让我心中依然可以保留对自己实力的自信，那么，之后自招的失败，则完全出乎我的意料，也让我倍感失落。还记得走出考场的那一刻，我心里的感觉是如此良好：在我能力范围内的题目全都完整地做了出来，那些难题也都至少写出了一部分有效解答步骤。当时，我确信至少可以通过笔试。之后，我完全是以一种验收已知成果的心情去查分的。当那鲜红刺眼的“未通过”三个字出现在眼前的时候，我产生了一种发自内心的无力感。一直以来我对自身能力的充分自信，全都化为乌有，取而代之的是无尽的怀疑与自责，以及对未来的迷茫和彷徨，而这一切的悲观心态，全都产生于距离高考不到三个月之时。我该怎么办？就此放弃吗？毕竟失败带来的打击实在太大，几乎摧毁了我全部的信念，让我绝望地感到：也许付出再多的努力，也可能是一场空。继续奋斗吗？之前我付出了太多的努力，就此放弃，实在是不甘心……

不，我绝不能放弃！放弃，是那些弱者的所为，是那些不敢去面对苦难的胆小者的懦弱退让，我绝不能成为这样一种被我自己所鄙视的人！青莲居士有诗云："仰天大笑出门去，我辈岂是蓬蒿人。"命运一次次地同我开玩笑，想把我归入"蓬蒿人"之列。那么，我所能做的就是让它的这种企图一次次地化为泡影！于是，在高考迫在眉睫之时，在我备受打击之时，我依然怀揣着远大的理想，义无反顾地踏上了与命运掰手腕的道路。我开始疯狂地背单词，一只口袋里时刻装着一本单词本，另一只口袋也没闲着——一支笔和一个小本子，随时记录自己偶然的困惑。同时，我也开始尝试一直以来最让我反感的大量习题训练：在开始变得炎热的五月里，我会把自己关在闷热的甚至连电风扇都没有的书房里一整天，进行严酷的高考适应训练，以适应高考时可能出现的严苛条件。好几次，汗水都流到了眼镜片上。在学校，更是不敢浪费一分一秒，几乎每时每刻都在埋头演算……一天天苦禅般的生活，支撑我的只有那不曾磨灭的追求卓越的信念。更快、更高、更强的奥运精神，在这里不再是一个抽象的概念，它早已化入了一行行的演算式和密密麻麻的英语单词中，伴随着我度过了这一天天紧张、煎熬却又无比充实的日子。

公布高考成绩的那天，当在网上看到了自己的分数与排名时，我恍然发现，一直梦寐以求的清华，此刻变得如此清晰，如此触手可及。那一刻，无论你是大笑、流泪，抑或疯狂地发泄，你的心中都会真切地感受到，这三年经历的每一次困难与失败，付出的每滴汗水，都是值得的。你可以毫不愧疚地说：高中这三年，是一段为了梦想而执着奋斗的历程。尽管很苦、很累，但它是我生命中一段弥足珍贵的记忆：那些年，我们一起奋斗的无悔青春！

姓　　名：马　恪

毕业学校：云南省弥勒市第一中学

高考成绩：总分678　语文128　数学135　英语136

　　　　　理综257　加分22

院　　系：清华大学机械工程系

浅谈高中的心态

一、坚信高考，坚决学习

中国的教育是应试教育，高考是适合中国的。我在初三的时候非常不愿意相信，觉得自己学的东西以后基本都没有用处，完全是在浪费时间。那年我中考失利，来到了县一中，但是凭我的分数进不了最好的班级，还是父母帮我求情，学校才答应让我在最好的班级试读一个学期。那时的心情可想而知，作为一个一直自我感觉良好的人，被藐视的感觉实在不好受。之后我一直在想，我的感觉没错啊，初中学的那些以后能有什么用？难道我买菜还要用函数算？难道我会因为喜欢物理去研究一辈子？咱也没那个天赋，研究了也不会有什么突破性的成果啊。可是，既然我没有错，为什么现在会感觉很难受？想了很久，我终于明白了一个很简单的道理：我们学习也许不是为了以后用，而是为了以后有机会去学习真正有用的；

我们刷题、背书，不一定是因为我们非常喜欢这个学科，也许只是因为我们非常喜欢高考那个优异的分数，因为它可以让我们拥有选择一所真正的好大学的权利。

高中学习的作用，最重要的是为了高考，真正学到的实际上是学习能力。众所周知，工作的时候是会有专业培训的，这个培训要求我们在不长的时间（一般 3 个月）内掌握一门技术或者技巧，这个时候就要看我们的学习能力了。试问，如果连那么难的数学题都可以学好，那么复杂的物体运动都可以理解，那么多的古诗词文言文都背得下来，还怕自己不能在培训的时候学好一门技术吗？

高分选大学，低分选专业，高中校长曾经说："如果你去面试，你说你是某某高校的，这时跳出一个人说他是清华或北大的，你觉得你还有多少机会？"也许真的如此，清华、北大不是所有专业都最强，但是有些公司招人的时候就是喜欢优先选择清华、北大的学生，为什么？因为清华、北大代表出色的学习能力，也许这个专业清华、北大的学生不是最强，但工作后，他随时可以用最少的时间学会公司需要的东西，这也许比现在强更重要。"活到老，学到老"，在人的一生里，高中三年不是很长，三年想学会可以使用一辈子的知识，显然不可能，所以我们可以这样看待我们所学的课程——我们同时学习这么多东西，正是对各科学习能力的最好锻炼，高考中这么多人竞争，被选拔出来的正是这些学习能力足够强的人，而这种人正是社会需要的，所以高考是适合中国的。

网上盛传一句话："名牌大学出来的怎么了，还不是给没读过书的打工？"诚然，很多没有上大学的人当上了老板，但我相信他们只是没有文凭，不是没有知识。退一万步来说，假设他们都没有好好学习，我们来进行一个简单的概率计算：假设上名牌高校的人和辍学下海经商的人比例是1∶10，一个公司老板和员工的比例是1∶100，再假设所有老板中辍学的和有较高学历的比例是1∶4，那么我辍学去当老板和别人好好学习去争取高考，成功的概率是别人的四千分之一，所以如果不想去赌那个四千分之一，就坚信高考，不要质疑，坚持学习，为自己争取一个美好的未来。

二、乐观心，平常心，恒心

作为一个本不该在最好班级学习的人，高一开始时我的成绩还很差：别人半小时做完的作业，我得做两个小时，我不得不花更多的时间学习。也许很多人都有这样的感觉，为什么我明明这么努力了，成绩还是几乎没有提高，我再也不相信“失败是成功之母”了！遇到了这样的困扰，有什么方法解决吗？我得到的答案是：如果你已经竭尽全力学习了，那短期的结果已经不重要了。这很明显，我已经这么努力了，成绩应该在提高；只是这次的题目恰好我不会，这次的语法恰好我还没掌握好。考完了，我就继续学，补上这些不会的，付出总会有回报，不要太在意每次考试的分数。记住：高中只有高考是考试，别的都只是测试。得到好的分数，我想这还是蛮不错的；得到不理想的成绩，我也应该庆幸还好在高考前就有了这次测试，让我发现了这些不太会的知识。保持乐观，始终相信自己，用平常心去看待测试，一天天尽力地学，一次次提高自己。

诚然，如果成绩一直没有明显的提高，而我们还在一直努力，就发现很难再坚持下去。我也彷徨过，我这么努力，成绩还是和以前一样，今天这么累，明天还这样，我怎么能坚持下去。我听到过一件真实的事，在国际特种部队训练中心的士兵，当坚持不住的时候，可以去敲钟表示自己放弃，然而每每在魔鬼训练的时候很少有人去敲，相反在休息的时候敲钟的人多。这是为什么？因为他们在预支未来的痛苦，让人恐惧。在高强度的学习中，我们也是一样的，为了坚持下去，首先要有一个明确的梦想，可以是一所大学，一个高考目标（不能是不切实际的目标）。每晚休息的时候，我都在想：今天我又努力了一天，又学了不少，离梦想又近了一步。而不去想，明天我又要努力一天。在坚持了几个月后，我发现不再觉得累了，并且每天都感觉很充实，就这样，我走过了高一、高二，成绩一直名列前茅，当然也没去别的班。但要一直放低姿态，哪怕偶尔有了好成绩，也明白要继续努力，所有的成功都需要努力，哪怕是最聪明的人，哪怕是最简单的成功——何况我不是那么聪明，高考也不是那么简单。

乐观是必要的，但乐观不是无所谓。学习是高中最重要的，但不是说别的事都无所谓。高三我犯过错误，一是寝室打扫得不认真，二是作为学习委员，对班上的事也不是很关心，也曾因此被老师狠狠地教训了一顿。也许不止我有这样的茫然："这些事，有意义吗？"我这样问老师，老师说有，任何事情都有意义，只是有时不明显。我懂了，如果我必须要做一件事，就一定要尽力把它做好，如果我不想好好做一件事，那么干脆就不做。一些其他的事可能会和学习有冲突，我只能尽力去安排，不让这些事影响到学习；如果无法错开，我选择学习，因为高三了，如果你因为学习误了一点点其他事，所有人都会原谅你的。

三、最后三十天，青春无悔

整个高中都在努力地学，所以直到最后三十天才觉得有所不同。这个时候，班上最能闹的人也都安静下来读书了，班上最爱睡觉最爱玩的人也认真听课了，大家都在紧张地学习。这时的学子最容易不自信，发现某个题不会解就怀疑自己。到了最后三十天，我是这样想的：我已经不用担心了，这么多次考试都还好，高考再差也差不到哪去，何况大多数人高考发挥得比平常还好。我已经彻底相信我会成功，只是在努力查找那些还不十分清楚的知识，我现在已有 90%的把握实现我的目标，再找到一个不会的题，就又多了一分把握，再多找些不会的题，搞定了它们，我的成功率就会越来越接近 100%。所以冲刺阶段看到不会的题，我只会觉得庆幸，不会去怀疑自己。还有一个办法就是，让自己忙一点。这个阶段，一旦看到不会的题可以问老师，可以问同学，可以看答案，不要给自己留怀疑的时间。

高考两天，最重要的是不能失眠，到了临上考场的头天晚上，说不紧张是假的，这时我告诉自己，我已经成功了，我学会了很多东西，就等明后天展现出来了。如果还是难以入睡，不妨别想考试，想想高考结束了，三个月的假期，我们可以去玩些什么（当然不要想令人激动的事），感觉放松下来了，就抓紧时间睡觉，因为一个好的睡眠对高考生尤其重要。走进考场之前，反而大多数人都淡定了，我们会互相调侃“开卷有奖，再来一年”，引众人大笑，笑着进去也笑着出来。我们会发现考试就跟平常没什么区别，反正我把会写的都写上去，不会写的也写上去，这就是我能做的一切了，我已经尽力了。等考完英语出来，大家聚在一起，一起说笑，一起道别，突然觉得，如果再来一次高中，还是会这样过，依然会过得很好。

谨以此文献给身处高中的学弟学妹们，希望能对你们有所帮助。

姓　　名：骆怡男
毕业学校：河南省郑州外国语学校
院　　系：清华大学新闻与传播学院（保送生）

明朝再望前尘事，所有梦想都花开

——我的高中时光

喧嚣与寂静

当我终于提笔，才恍然发现这是几个月以来真正第一次用书写的方式面对自己的内心。此时，我是一个完全的“新人”，一如三年前初入高中的懵懂新奇。

那时的我：幼稚、莽撞，对一切充满好奇和想象，大课间不吃饭在招新的摊位中间窜来窜去，关注想加入的社团，一天跑七八趟宣传栏看海报，各个社团的面试笔试都要凑个热闹，各种小说看得不亦乐乎……尽管每天忙得晕头转向，成绩却也颇为给力。此时，一切都是新的，一切都充满无限可能，一切都在向我展开，生活新鲜而仁慈，容我犯错。

然而这简单轻松的时光是短暂的，数学越来越难，物理也越来越难，一切都越来越难。成绩忽然下降百名，然后停滞不动，宛如反比例函数的曲线。我曾想，我要过一种丰富、刺激、充满＝乐趣和意义的生活，这生活不只有分数。在自习课看全球通史，看得忘乎所以，组长催交数学作业时才迅速把需要计算的题涂上几笔，把剩下需要思考的用红笔把答案抄上去。参加学生百家讲坛，参考资料好几大本，全部利用自习课公然整理，老师问也可振振有词。总之，排除万难，朝着自己勾勒的鲜衣怒马、少年意气的生活高歌前进。

后来，当距高一下学期还有两个月期末考试时，我忽然想要改变。没有什么具体原因，只是有一天，忽然厌倦了没有方向只有乱跑的生活，想沉淀下来，为一件事、一个梦而努力。

在清华的夜晚，下课走向宿舍，昏黄的路灯下，人影交错，来往匆匆，与高中时并无不同，而我已在清华园。我忽然想起高一最后两个月的那些夜晚，在每天最后一节自习课下课，放学铃响时，我会再写几分钟作业，错开人流高峰，锁门后，急急忙忙奔向宿舍。那时，因为切切实实的忙碌，因为必有成果的付出，因为确信有意义的每一分每一秒，因为专注于事情本身，我无暇空虚，无暇多想，无暇忧郁。

我决定提高惨不忍睹的数学和物理成绩。但是由于此前落下的课太多，做简单的习题都吃力。后来我买了两本讲解较多的资料，先做例题，再看解答，再做一遍例题，这三遍让我对各种题型和思路有了很大认识。补好基础后，我开始练习更难的题。期末考试，我的数、理、化都是93分，没有一科拖后腿，在此基础上凭着文科的优势，我成功由班级十几名变成第一名。同时也固定了自己最想有所作为的社团，用心参加，不刷经历。

现在的我，每到假期就去图书馆坐着，一本好书，一个下午。我是宿舍最安静、最清闲的人。可是三年前，我是那个每天晚上都喊饿，半夜还在打电话抱怨，到了周末留校就怕一个人在寝室的女孩。后来，则慢慢地适应，慢慢地习惯，慢慢地享受。或是叫份外卖打打牙祭，或是张牙舞爪趴在宿舍桌子上看书，还有必不可少的，是去阅览室自习，不经约定却自然形成的安静使人不敢打破。如此，过着朴素的、简单的生活，心灵充实，精神温暖。

爱热闹，因为那是人的本性；爱寂静，因为可以听到自己心中发出的声响。为自己演奏这双重的音乐，慢慢前进，是一件多么美好而且幸福的事。

细微与宏大

来到清华后，最享受的，如高中一样，是晨起背书的时光。晨光熹微，清风拂面，放声诵读，就这样感受着天色一点一点放亮，那种微弱但持续的变化让我感到生命的动感和质地。

高二，我毫不犹豫地选择了文科，是因为自己对人类文明的憧憬与好奇。我的语文和历史最为突出，经常考年级第一。但是数学成绩总是徘徊不前，英语每次考试都是小错“遍地开花”，又因为高一没认真学地理，自然地理部分很差。尝试了很多办法后，我的成绩还是不见起色。

在高二下学期，这种焦虑随着高三的日益迫近而更加严重。我变得焦灼、忧虑、恍然若失。月考、期中考试，我总是在交卷前的几分钟觉得自己有错误，匆匆忙忙地涂改，最终成绩下来证明我最后改动的总是把正确改成了错误。

直到有一天，我急急忙忙地冲向公共浴室，那时热水已经快停止供应。但当我冲到了浴室，才发现自己没有带换洗衣服——这是怎么了？我第一次问自己。我不再因为时间紧迫而推迟思考，而是沉下心来用一个晚上的时间给自己写信分析心态。

分析的结果是：我患得患失，畏惧结果，在追求的过程中凭着惯性而非理性前进；我渴望速成，贪图省事，吸取知识时总是有强烈的目的性：我们出发，慢慢加速，十年寒窗漫长的路途让我们失去了最初的新奇。当学习成为功利的工具，当目的地的缥缈遮住了沿途的风景，当我们过于关注最终的结果却忘了“水到渠成”的自然之理，那么一颗绷得越来越紧的心将失去温度，失去弹性，失去最初虽柔却韧的形态。而这样的一颗心，脆弱且经不起打击，它不足以让我们继续前进。

我决定，做一次实验。在高二下学期期中考试之后，我发现我的英语知识体系中全是漏洞，单选、完形、阅读，甚至听力都是小错连篇。我不再以粗心或没看清题说服自己，而是决定以一种笨拙的方法弥补这些漏洞，重构一张知识网络。每个中午，我小睡十五分钟，然后做一张完整的英语卷子，从听力到作文一题不漏。午后的阳光总有一种慵懒的气息，如一只猫在轻巧地踱步。我坐在桌前沉静地做卷子，不紧不慢，细心读写，阳光通透如洗。一个月后，我的英语由 120 多分变成了 139 分，我完成一张英语卷子的时间由两小时缩减至 50 分钟。我大受鼓舞，将这变成一种习惯。又一个月后，期末考试时，我的英语考到年级第一，而且，以后的考试再也没有低于 140 分。

每节地理自习前，我提前做一部分自然地理练习，然后用整节课的时间请地理老师答疑。每个周日下午，我会带着数学练习题到阅览室，一道题一道题地研究圆锥曲线和导数，即使一个下午只能写一两面，但我确信每道题我都完全理解。我不再着急，不再慌张，每天努力做着微小的改变。日积月累，细微演绎成宏大的效果，量变演化为理想中的质变，弱科全部变成强科。我甚至养成了每天看完新闻去操场跑八百米的习惯，夜幕初降，繁星渐明，让我感到满满的喜悦和充实。我开始懂得，学习本身就是如此美好，一点点的改变最终塑造的是一个令自己都惊喜的自我。

就这样期末考试时，始终保持年级第一，英语和历史单科第一，并且，再无软肋。

专注与舍弃

我所在的外国语学校，每年十一月份就会举行校内保送生考试。之后，过线的20%同学将根据综合成绩的排名被推荐到不同的高校参加外语类保送考试。最终通过者将拥有长达八个月的假期。

在保送生考试之前，最重要的一次考试莫过于十月底的新乡一质检了，但那时，我们各科的复习基本上还处于起步阶段。如何在极短的时间复习大量的内容，成了每个人忧心的问题。我看到有些同学把主要精力放在文综上，每天狂刷文综题。有些同学把重点放在数学上，即使上政治历史课，桌面上都放着数学资料。而我的决定是不放弃任何一门的复习，只会有选择地侧重。

那是一段充实的冲刺时光，是在漫长的十二年奔跑后，最后的，最紧要的那几步。没有即将抵达的浮躁，没有终于解放的激动，只有沉着、静默和奋斗。每个清晨，走出宿舍，心中所想的只是今天早读要背哪篇课文；每个晚上，走出教室，心中所想的只是今天又复习了哪些章节，明天要如何继续。

经过分析，我确定成绩提升的空间主要在语文和数学，而英语和历史已经非常稳定，可以放在次要位置。我深知语文的提高是一个长期的过程，但技巧性的东西却可以通过训练来掌握，因此我每天保证一定的做题量，如五道古诗文赏析，两篇科技说明文阅读等。同时，我坚持每周写一篇作文，请语文老师批改和讲解，然后根据建议再修改，继承亮点，摒弃忌讳，我用实际的练习实践着课堂讲述的理论。最多时，一篇作文改过四五遍，由一篇冗杂、论点不明的中等文改到了精练而有说服力的一类文。我不求数量，但求质量。而数学，经过分析，我认为主要的劣势在于之前一直以大题训练为主，选择题和填空题不能保证满分，而这些小题又每个 5 分，不可小觑。于是我转移重心，由大题导向转变为双管齐下，在每周保证一定大题练习量的基础上，大量练习小题。新乡一质检的成绩证明了我复习方案设计的有效性，我的英语仍然是 140 分，历史仍然是年级第一，而语文异军突起，成为拉开与其他同学差距的主要武器，特别是作文获得了最高分。

11 月 10 日，保送生考试；12 月 23 日，清华保送生考试；12 月 31 日，成绩公布。我在 2012 年的最后一天，得到了清华的保送生资格，提前结束了十年寒窗的苦旅。这一路，有辛酸更有欣慰，有彷徨更有坚定，有沉沦更有奋起。我体验过喧嚣，选择了寂静；实践了细微，创造了宏大；决定了舍弃，保证了专注。我只有平凡的智商和平凡的一切，但是我庆幸的是，我始终保持着对自己的认知和审视。前行不忘回顾，跋涉不忘反思，勇进不忘调整，或许这就是我终于能圆梦于此的原因。

姓　　名：周　缘
毕业学校：江苏省苏州实验中学
高考成绩：总分404　语文（129+25）　数学139
英语106　历史A+　政治A　小高考4A
加分5
院　　系：清华大学新闻系

蝴蝶页

高三刚开始的时候，我在妈妈的备课笔记上看到“蝴蝶页”这个词。当时就觉得，这个让人心醉的名字应该拿来写部爱情小说。没想到今天，会用它来回忆我高中三年的日子。

高一期末考试的成绩单上：物理 39，化学 60。各种排名里最好的是年级 25，最差的到了 328。这样浩荡的悲伤，不是物理习题里那条或最短时间到对岸，或最短路程到对岸的小船，可以载得起的。

我在应试教育里，挣扎了很长时间，况且我是承受能力特别差的那种学生，曾经听课都听哭过。我以前说，不知道前世和高考有怎样的纠葛，今生要用这么多的泪水来还它。像林清玄说的那样“有时静夜想想，也会黯然流下泪来，但那些泪在一个新的春天来临时，往往成为最好的肥料”。今天想想，所有付出都是值得的。

为了撑过这段时光，我只能不断地调整自己的心态。比过程的时候，我知道对手是别人。其实我已无余力，但我知道有一些时间是大家都在浪费的。平时我赶不上大家，但在暑假、在考试后大家习惯性的懈怠时，我只要比别人多认真一点点，就够了。而比结果的时候，我知道对手是自己。我不再去羡慕别人的成绩，而是看到自己的进步。我尽量不让小考试影响到自己的大计划。其实分数、排名都不重要，周考、月考模考都不重要，即使高考，也不是人生的全部，不能决定未来的命运，我常常这样来安慰自己。我告诉自己：毕竟已在一个重点中学的重点班里，即使成绩暂时落后，我也已经足够优秀了。做好该做的事，把过程完美地呈献给自己，不奢求结果。

无论如何，我都挺了过来。一段时光，我不会留恋，也不会全盘否定。经历过这一段黑暗之后，我练就了更加强大的内心。就像受过折损的树，愈合后留下的疤反而更耐得住刀砍斧劈。在后来高三的日子里，只要看见微茫的光亮，我就不会失去希望。

在这样的情况下走入高三的我，没有给自己太高的目标和太多的压力。我看到高三开始时交给老师的决心书，全无豪言壮语，心态实在冷静而平和，难得引用了一句励志口号“将来的你会感谢现在拼命努力的自己”，我竟也默默地把“拼命”两个字去掉了。

我知道我太幸运，因为有了这样平和的心态，努力最终结成累累硕果。

那年年末的时候，高校开始了自主招生，我纠结到三月份竟还是临阵脱逃，放弃了浙大的名额。我很清楚自己不适合自招，华约的数学很难，我一定是考不上的，准备自招反而会浪费精力而且打乱自己的复习计划。当断不断，反受其乱。那个星期六，当我坐在空了大半的教室里听课的时候，开始佩服自己的冷静和决绝，因为比起坚持，放弃需要更大的勇气。这个我曾经做过的最艰难的决定，却成为后来做过的最漂亮的事。

就这样，我的高三，从2012年的初秋到2013年的夏至，习惯了每天抱着没吃完的早饭，披着来不及扎起的头发跑进学校，因为匆匆的脚步声引来极高的回头率；习惯了傍晚在公交车上听邻座初中的孩子讲一些我经历过的故事，于是会心一笑、头也不抬地继续睡觉；习惯了莫言写的和写莫言的文章频繁地出现在文科卷子上，他从此成为“生命里最不能忘怀的男人”；习惯了印着时事热点的政治卷子看也不看就被塞进文件夹里，但比起直接被打草稿的语文试卷，它们已经幸福多了。

即使在最紧张的时候，我依然早早地睡觉，每天看报纸，周末看电视，偶尔翻翻杂志听听歌。家里的气氛很轻松，没有断网禁电视，妈妈还常常劝我早睡。越是临近考试，越应该保证作息时间规律。在这里说一句老师或许不愿意听的话吧，不要太早进入状态，弦绷得太紧临考会断的！加班加点熬夜苦读，会影响身体，更影响精力集中，到头来得不偿失。能以一份好心情迎接高考，就成功了一半了。

在很早的一次差点不及格的考试之后，数学老师曾找我谈话。我很无辜地说，我反应慢，很慢，非常慢，需要几天几个月甚至几年来消化。不能想象老师当时的反应，“几年”有没有吓到他？到今天我可以非常坦白地承认这一点：这个缺点后来反而成了优点。高考是一场持久战，不用急于求成。我走得很慢，但从不后退，也许很艰难，但每一步都平稳而坚定。

我没有一头扎进题海战术，没有挑战偏题怪题，只是认认真真地研究错题。有同学把错题整理得工整而漂亮，几乎可以做展览，但如果不经常翻看，一样是没有用的。而我的错题本，字迹潦草，有许多标记和批注，但我保证上面的题目不会再错第二次。

在三年的磨合里，我慢慢掌握了数学的应考技巧，而且总能在考场上超常发挥。因为慢热，我总在考前做一些简单的题目帮助自己进入状态找到信心；因为掌握不好时间，我敢于放弃不会的题目，压轴填空题如果来不及算就用特殊值、画图这些方法快速蒙一个答案；因为做不出难题，我只能避免低级错误和不必要的失分。高考以后，班主任问我，数学卷子做完了吗？我当场石化了：初二以后我就没做完过卷子！老师又说，空了几题啊？其实我后面三题都没做完。但是最后的结果，我敢说我都得了比很多叫嚣着“满分无压力”的理科高才生更高的分数。因为我写下的所有东西步骤都很完整，都没有出错。

最初我在数学笔记本扉页上写道“最好的年华，都给了你，请你，不要负我”。后来又有一篇日志里说“数学把我当成了无私的田螺姑娘，回报微薄到没有。罢了，数学虐我千百遍，我待数学如初恋，因为田螺姑娘和那个青年，最终是修成正果的”。今天，突然很想对数学说：“坚持就是胜利。”

在距离高考还有三个星期的时候，我“良心发现”了，心血来潮地到学校上了几节晚自习。我终于亲眼见证晚上9点半，学校门口车水马龙，灯火通明的场景。操场上，散步或者奔跑着的同学们，带起的一阵阵风感染了我。我知道这种向上的精神，再不会重来了。

临考的时候，大家情不自禁地开始规划下一个没有作业的暑假，预支虚幻的美好。但正如舞台上的演员，如果总想着下一幕，往往会紧张到甚至忘词。我尽量把自己从幻想中拉回现实，因为只有专注于眼前，该来的一切才会如愿而至。

得知分数的那个晚上，我在学校门前号啕大哭。其实不管成绩如何，我都能哭成那个样子。当你三年的努力有了一个结果，无论好坏，都是值得庆贺的，不是吗？喜欢安宁写的一段话，允许我借用一下：我所要求的，不是你能考上哪一所大学，我只是希望在你 18 岁之前，能有那么一段意气风发、勇于拼搏的岁月，而这一段时光，不管结局是美好还是黯淡，在你人生长河里都必然会熠熠生辉。没有人能够否认，这段埋头苦读的青春，回望的时候会绽放出最璀璨的花朵。

小时候大家都被问过想上北大还是上清华，我说清华，因为名字好听。后来发现我想多了。再后来发现它居然成真了，但不能叫梦想成真，因为清华不曾出现在我的梦想里。我一直想到帝都开开眼界，所以到北京的路是早已在心底铺设好的。然而到清华的路，却大有突然从天而降的味道。我以为，可以考上清华北大的同学，要么有可遇不可求的高智商，要么有可望而不可即的勤奋精神。直到今天才知道，它并没有那么遥远。也许有理想但从不抱幻想的人，就会等来所谓的奇迹。

我不是“学霸”，也不是“文青”，我和你们一样。你们，也可以和我一样。

高考以后，我以一种惊人的速度在忘却。我最痛恨的，最后居然也没考的圆锥曲线，我也很快不会记得吧。可是青春正如双曲线，一旦出发，就会无限地延伸下去，而那些遥远的梦想，就像渐近线，虽不能至，心向往之。高考的意义，并不在于我们学到多少知识，而是那种坚忍不拔的意志，会陪伴我们一生。

蝴蝶页，是装帧的术语，指图书封面后与封底前完全相同的两张衬纸。这三年的时光，多像蝴蝶页。无论夹杂着多少曲折的故事，开始和结束都是美好的。我们就这样破茧成蝶，就像化蝶的梁祝，虽已无前生的记忆，但他们都曾如此刻骨铭心地飞入过彼此的生命。

姓　　名：李赞熙（韩国留学生）
毕业学校：北京市海淀区教师进修实验学校
院　　系：清华大学新闻与传播学院

高考最后一搏之平常心

北京的清晨，冷冷的风吹过各条街巷。每个母亲和父亲都亲自送赴考的子女们前往考场。打开电视、收音机，都是高考、交通信息。本来就显得拥挤的北京，那天已然被喧嚣的车声、人声所淹没。车水马龙、人声鼎沸已不足以描绘此情此景。交警们努力地吹着口哨，组织着本就不能组织得再好的街道。

是啊，这是多么隆重的一个晨景。虽然“整齐”得不能再“整齐”，但是人们焦躁不安的情绪，就像一朵巨大的乌云笼罩在北京城上空。在这么多的考生中，我也不过就是沧海一粟。也许那天有许多的考生都是由父母接送，而我却像平常一样迷迷糊糊地起床，胡乱地叠好我不带图案的白色被子，脱下睡衣随便一扔，吃完父母准备的早餐，系好我那双白色帆布鞋的鞋带妈妈总会在我离别时提醒我一句记得带家里的钥匙。那天我便会有错觉，就像只是去上课，是平常的一次小月考，什么想法都没有，因为这早已成为一种习惯。吸着北京曾经被报道为 PM2.5 的空气，紧紧自己的上衣。在等公交车的时候，心里暗暗提醒自己今天要去别的学校

“交流考试”(本来是高考)。想着能见到穿着不同学校校服的人在一起交流，又能交个朋友，心情便一下子愉悦了不少。本来还迷迷糊糊的精神顿时恢复了许多，前方隐现的车灯也清晰了不少。

我还记得应考的那天，到达考场时，校门口挤满了车和人。那天的天气我记不太清了，但是人们一张张或紧张或严肃的面孔历历在目。坐到考场的座位上，我想的最多的就是我与朋友们度过的高中那三年又苦又甜的日子。回过神来的时候，就已经要考试了。考卷发下来，也没有马上去看考卷的内容，心中想的更多的是，我的高中生涯就以此要终结了。现在想想，我那天也不过是平常的想法，像普通人一样，做着普通的事情，有着普通的想法。全身心便感觉不到一点紧张，一直以来积累过的都已成为一种习惯，所以肢体便会不由自主地动起来，脑子就按着那个套路转动起来。

所以平常心最为重要。而拥有这种平常心的前提，是在你高中至少高三这最后的期限内，能够尽自己所能去做，将自己的知识变成一种习惯，一种能力。我可以告诉你们，没有一个人是不能做到的。再笨的人(只要不是重度如痴呆什么的)都能做到，关键看自己的本心。在最后的期限，付出足够的时间、足够的努力，将知识变为自己的。

清华很大，我刚来的时候进入校园总会迷路，必须要问路。但是仅仅过了两个月，清华的各个角落我都已经熟悉，在校园里骑电动车，脑子不用绘制图形，就自然地去自己想去的地方，因为习惯了。这都说明养成这样的习惯也是不可或缺的。如果你有一颗努力的心，那么下面的一切，将会为你所用，或是被你采纳。

刚刚谈及的平常心，我就是这么平常地做到并保持的，即使高考前几天甚至高考那一天，也就像平常上学一样，心里不用特意告诉自己什么，也不用让自己紧张起来。跟同学们谈话的时候，总会把高考当成一种“玩笑”，说白了就是以一种玩笑的口吻来谈论着一场考试。我知道有许多的疑问或许会接踵而至，会有人问，做不到怎么办。但是这就是我的方法，或者说，考试那天就像平常一样，那是最好不过的选择。平常总会有大大小小的考试，总会有失利和成功。我只能告诉你们，学习或许有具体方法，但是面对方法的前提，是心态决定一切。举个例子，你在打篮球的时候意外地进了一个球，便会增加你的信心，内心深处便会潜意识地认为球技变强了；当你被人夸奖容貌好，你就会有信心，会变得有魅力，或许就是一种“好容貌”。这都是心理作用引起了一定的变化。还有一个众所周知的例子：一个职员把自己关在一个没有接通电源的冰箱里，结果却被“冻死了”。这些例子都能表现出，人的精神层面能在一定条件下起到决定性作用。为什么高考总会被提及那么多次，总会被大家重视？就是因为，高考是现场发挥。而现场发挥就与你的精神层面有很大的关系。我是这样控制的：我没有考虑过是否考得上清华，没有想过考试题是怎么样的，即使考试那天我脑子里还想着篮球等与学习无关的事情。还有就是，即使考试那天，也不要让父母接送，就像平常一样，就那么平常地上学，考完平常地回家。不需要那么隆重，也不需要那么夸大，想得越简单越好。

现在，虽然我已经成为清华的一名学子，但是回想高考，虽被世人命名为“决定一生的考试”，我却不以为然。若是金子，必定会大放光彩；若有才华，不会被世俗遮盖。人生没有固定好的道路，走在上面若是畏畏缩缩，犹豫不决，总是用没有经验来掩盖你实力差的事实，那人生是多么的悲惨，多么的没有意义。就高考而言，它只是一场考试。也许这一场考试，会阻碍你前行的道路，会成为你的绊脚石；但我绝对相信，就一场高考，不会毁掉你的人生。因为只要你有实力，就绝对不会被淹没。

考前我是这么想的，考试中我也是这么想的。与此同时关于惧怕考试的想法，千万要抛开，而上述的一切，都是能起到一定的心理暗示作用的，能够警醒告诉自己：比起其他什么，高考只是件小事情。既然考试，那就不要惧怕，不管考成什么样，自己的人生才刚刚开始！既然什么都刚开始，为什么会断定，自己的人生会比别人的差？

这样一想，自己的考试，至少在握笔的刹那，不会有犹豫，不会有害怕。放心大胆地去考，即使没考好，也不代表以后就不能成为高富帅，不能过上舒适的生活，不能活得有意义！

大家这么注重考试的心情我也非常理解，虽然一再说明不能紧张，不能害怕，而当那种真正紧张的心情来临时，克制并控制住，才是最重要、最困难、最关键的事情。在这时，不能总想着考试的事情，一旦紧张，大脑就会一片空白，那不是你做不到的借口。你可以使劲掐一下自己，不要把所有的事情都想得很严重，想得越轻松越好。当然不是说无所谓，而是放松自己的心情。看到考卷，就紧张得不行，那只能说明你的造化不够，只能说你太脆弱了，而跟你的实力绝对没有丝毫的关系。所以，相信自己才是最重要、最关键的因素。

考试结束之后，不要后悔。即使你不是男生，也要敢作敢当，自己得到的成绩和结果，理所当然由自己来承担。我相信只要努力付出了，不管怎样，一定会有所回报，这不仅仅是你能力上的提升，更多的是在你的人生蓝图上画上灿烂的一笔。虽然是刚刚开始的人生，但是只要不忘记高考奋进的那股激情，至少你往后的人生会更有趣、更灿烂。

现在看到清华的同学们，每一个人都忙忙碌碌地做着各自的事情，怀揣着自己的理想，那赴考的景象，似乎就很微不足道了。或许考试的时候那么紧张的你，过了那一天，就会在家里躺在沙发上将其抛到九霄云外。

最后提醒各位，虽然高考重要，但是在你身边为你付出努力的家人，是在你最需要温暖的时候给予你温暖的爸爸妈妈们，是一直以来默默地承受你坏脾气的人。请在读完这篇文章后，抱抱他们，跟他们说爱他们。一次高考，不仅要收获成绩，也要收获感情。

姓　　名：李洪臣

毕业学校：黑龙江省大庆铁人中学

高考成绩：总分690　语文120　数学147　英语144
　　　　　理综279

院　　系：清华大学土木工程系

我命由我不由天

每个人都拥有过一场青春，一段可歌可泣的时光，一份让人回味终生的回忆。而这如诗如画的花季便在每个人的学生时代，更确切地说是高中时代，绽放出繁复而璀璨的光芒，照耀在一生的路上。

收获友情的欢乐，是成长的满足，让我们充溢着自豪感。然而不得不面对的高考，却给我们的花季带来一阵阵暴风雨。

在烦恼与快乐、成长与压力之间，颠沛流离成了我们高中生活的缩影。有人说“这就是命”，但在我看来这是弱者的借口，而我们作为血气方刚的青年人必须要坚信：我命由我不由天！

如今的我已然是一名清华大学的学子，但我却不如那些状元或是保送生那样光鲜亮丽。回想曾经，我的经历充满着戏剧性、无奈与辛酸。而当时的我，就如同现在的你，面对着纠结煎熬的日子，一次又一次发出歇斯底里的呐喊，却无济于事。

迷茫而平凡的伊始

我的家在黑龙江省七台河市，而高中来到了大庆，走进了大庆铁人中学。从未出过远门的我，此时来到了一个陌生的地方，面对一群完全陌生的面孔，心中不时升起阵阵的无力感，难以在全新的环境中游刃有余，各种各样的困惑也接踵而至。

也许你们会觉得初中的我是头顶无数光环的佼佼者，可惜我不是。面对着身旁一个又一个以物理见长或因喜爱物理竞赛而来到铁人中学的“学霸”们，内心总会升起莫名的挫败感。尤其晚上一个人静躺在床上时我就会想：“身边的人，或是全省各地的状元，或是物理极其出色的天才，而我只是一个再普通不过的学生，又拿什么与他们一争高下？依我目前的水平又能考上怎样的大学？”这些问句反复在脑海中回荡。带着对未来的迷茫以及对新事物的畏惧，我逐渐进入了高中的生活。

在物理班的日子是痛苦的。怀着一丝侥幸心理的我，还是难以逃脱命运的捉弄，在忐忑的情绪中，收到了第一份不及格的卷子——52分。看到成绩的我，想哭却笑了出来：笑自己的无能，笑自己未战先怯的懦弱。虽说不曾头顶桂冠，可也从未有过不及格啊！一切当属青年人的骄傲、轻狂、热血，全在这一刻沉寂了下去，取而代之的是一颗冷静的心，一抹由灰暗逐渐变为明亮且坚毅的目光。“我命由我不由天”，命运就掌握在自己的手里，与其在迷茫混沌中丧失了自我，倒不如破釜沉舟，放手一搏，谁是赢家还未可知。

于是，困惑之后的释然与脚踏实地的奋斗便成为了高一的主旋律。虽然其间名次的不理想、父母的小失望、处于“学霸”之间的自卑感，无数次冲击着我的斗志，考验着我的耐心，但是高一还是这样平凡而踏实地过去了。令人惊喜的是，期末考试的成绩位居年级 15 名。莫大的兴奋笼罩在我的心头，让我再一次体验到久违的成就感，也让我真正明白并且相信“路是人走出来的，通向理想的路也是一样。当你一步一个脚印踏踏实实地咬牙前行时，你便离目标越来越近。也许有人的起点高，可这并不是你畏惧的理由，你能做的就是毫不犹豫地向前走”。

感情与学业的碰撞

命运总会时不时地开些玩笑。十六七岁的年纪，正是情意滋生的季节，然而此时我们却不得不为了高考而浴血奋斗。当感情与学业在此刻发生激烈的碰撞，我们又该何去何从？

想必大多高中生们都有或多或少的心灵的悸动，我也如此。高二之后，我成了老师眼中不争气没正事的学生，经常被找去谈话。他们觉得我早已失去了斗志，在感情中迷失了自己。面对老师的批评、家长的埋怨，学习的心思早就丧失了大半。那时的我心情无比混乱，既有对感情的不舍，也有对父母老师的愧疚，两者冗杂交错，当真是不知道该如何抉择。但日趋下降的成绩更成为我致命的硬伤，终于，我不得不暂且将感情深埋心底，重回到拼搏的路上。今天我把我的经历与你们分享，对于这样一个任何高中生都不能回避的感情问题，希望下面这些话能与你们共勉。

作为一个男生，你能做的是努力努力再努力，让自己变得更强，肩负起作为儿子，将来作为丈夫乃至父亲的责任，足够支撑起你身边的一片天空，为你珍视的人遮风挡雨。不然什么海誓山盟，什么地老天荒都只能作为笑谈。作为一个女生，不要期望着别人能给你多少，首先要做的是丰富自己，有内涵有知识。倘若只是空有其表，是留不住你想要的东西的。总之，感情需要等待。在什么时间做什么事，才有了地球的诞生，人生亦如此。此时的你们满腔青春热血，有的是力量，即使犯过错误也不要怕。从现在开始，无论为了什么，将感情深埋心底，浴血奋斗吧！

“小高考”的挫败

仿佛命运女神从不青睐于我，被戏称为“小高考”的自主招生考试又一次在我的心上敲了致命的一锤。当时我极力争取着清华北大的自主招生校荐名额，可是由于之前的综合排名不够，最终还是无缘，自荐更是笑谈。拿到手上的是浙大的校荐名额，怀着一种自我安慰的心情对自己说：“这样也不错，浙大会容易考吧，有个保障也不错。”

可是上天总是不愿遂我的心意。考试过后，抱着一种期待收获的心态查看成绩。“由于名额有限，您未能进入面试！”一行鲜红的字深深刻在我的脑海中，挥之不去。此时的我什么也听不到看不见，就像置身一个黑暗寂静的世界中。只有崩塌的自尊、自信和骄傲落地，以及难以压抑的泪水在眼眶里盘旋。尽管在人前强颜欢笑，可是内心却充斥着无力、绝望和对自己能力的怀疑。可是真的就此放弃么？不甘心，真的不甘心，付出了那么多就真的什么都收获不到吗？这时，脑海中猛然想起曾对一位挚友说过的话："自己选择的路，跪着也要走完。"带着沉痛的心情、越挫越勇的心态，继续前进，始终相信：我命由我不由天！

临战前模拟的败北

挫败似乎在我身上从未间断过，高三的日子里更是如此。东北三省第一次模拟考试，考得一塌糊涂，惨不忍睹，竟然在班级里排到了接近 40 名，在全市排名更是无从谈起了。成绩公布的一刹那，又是一记惊雷。噩梦并不止于此，大庆市第一次模拟考试，排在全市 400 名。这一切仿佛就是为了打击我的信心而出现，老师们觉得我考不上清华北大，爸妈也有些许失望，自己更是感觉什么都不是，高考无望。

可是就要上战场了，真的就赢不了了吗？没有人相信我，身边的同学各自奔忙着，无助感油然而生。迷茫能改变什么？畏惧又能帮助我什么？与其这样，倒不如亮剑，狭路相逢勇者胜！不服输的血液再一次涌动，求人不如求己，就算天下人都不认可我，我也要在战场上战至最后一滴血！

于是，习题的洗礼伴随了我此后的日子。每天从早上六点半起床开始，就在题海中挣扎漂泊，直至深夜甚至凌晨，不完成任务誓不罢休，教室里的人越来越少，可我的心却越来越平静。嘀嗒嘀嗒的钟表声，刷刷的奋笔疾书声，回荡在教室里，充实着我的每一分钟。不曾忘记班主任说过"天道酬勤"，我便将自己的一切愤懑的情绪、不屈的意志融进每一道习题、每一张试卷中，量变产生质变，相信总会有凤凰涅槃，浴火重生的一天。就这样带着最后安静而平和的心情，终于迎来了高考……

考场上冷静沉着、深思熟虑的我，再没有想苛求些什么。带着一颗平常心，在这无声的战场上施展全部的才能，验收这百余天的奋斗成果。尽力而为，不患得患失，懂得适当的割舍：这些让我在高考的战场上显得得心应手。就这样，最后的战争就此落幕……

成绩发布的前一天夜里，我与两个好哥们在宿舍里共同等待着揭晓成绩的那一刻。当名字下方“690 分”赫然映入我的眼帘时，我一瞬间石化，世界再一次地凝固。

无怨无悔的青春

好像梦幻一般，不敢相信此时清华就这样触手可及。此时的我终于忍不住翻涌的泪水，曾经一切的屈辱，一切的辛酸，似乎就在这一刻成了故事，再提起都像是一段段笑谈。尽管命运不停地捉弄你，可是它做它的，你做你的，没什么太大关系，就当作是君子之交淡如水，或是相逢一笑泯恩仇吧。我比大多数人都要平凡，而此时高中生的你们处在最黄金的花雨季节，你们有活力有朝气，凭什么甘屈人下？每一天都是一个全新的开始，每个人的青春都可以做到无怨无悔！

望君铭记：信则有，不信则无；我命由我不由天！

DENGNI ZAI QINGHUA

第二章　青春篇

爱我所爱　无怨无悔

每个人都拥有过一场青春，一段可歌可泣的时光，一份让人回味终生的记忆。而这如诗如画的花季便在每个人的学生时代，更确切地说是高中时代，绽放出繁复而璀璨的光芒，照耀在一生的路上。

姓　　名：唐　墨

毕业学校：四川省遂宁市安居育才中学

高考成绩：总分674（市状元）　语文120　数学143

　　　　　英语136　理综275

院　　系：清华大学工程物理系

青春无悔之感悟

坐在清华的逸夫楼，伴着秋天老树落叶的沙沙声，偶然想起余冠英先生的《清华不是读书的好地方》，不禁想到，当初就是这篇文章，坚定了我报考清华的信念。余冠英先生也完全没有戏言，因为清华，真的处处是鹅黄细柳与笑靥迎人的碧桃，极平常的马路，也偏偏罩着翠柳的凉荫，更不必提那宿雨初晴与夕阳西下了。也许这正印证了学校通知书上所写的：清华是你一生的骄傲。

于是，思绪回到了三年前。因为初中一直稳稳地保持年级前三名，所以直升到特尖班。刚刚进入高中，没有压力，也没把学习放在心上，但第一次考试就被吓倒，拿到年级28名的成绩。但是我更在意的是父母的反应，他们变得很介意我的成绩。后来我才明白，那时候自己的成绩是达不到他们对我从小的要求——进入清华大学的。我所在的城市，每年只有个位数的人能考进清华北大，如果有突发状况，更可能爆出零的成绩。升学的压力，慢慢地来了。

日子就这样过着，期中考试的成绩依然不见起色，我心里也有了忧虑：老师没有像初中那样重视我了；父母看到成绩脸色很沉重。这次，他们决定减少我的游戏时间。年纪尚小的我当然不理解，因为住校，只能每个周末回家，游戏成了我唯一的放松活动，但父母没有理会。在学校里，得不到老师的重视；在家里，没有父母的理解，自己真是迎来高中第一个低落期了。

那时候在学校住校，一个寝室6个人。因为学习方法不同，和同寝室的人有点格格不入：我喜欢轻松式的学习，努力提高学习效率，该玩的时候认真地玩；而同寝室的人却把每时每刻都用在了学习上。由于自己的成绩没有提高，我不禁想到：难道自己也要像他们那样戴上厚厚的眼镜吗？一次午休偶然的，我和室友闲聊，看到他床上放了厚厚几本我从没见过的书。一问才知道，他除了老师教授的内容，自己还看很多辅导资料，并且有自己的改错本，上面密密麻麻写满了错题。我被吓倒了，原来自己做的事情这么少，原来我根本就没有“方法”可言，因为自己根本没有投入到学习中。于是，我主动减少自己的玩乐时间。既然效率得不到提高，我就从时间上下功夫！上课，我尽量不落下老师讲的每一个知识点；下课，我在放学前就完成作业，回到寝室就开始查漏补缺。功夫不负有心人，我的成绩有了起色，父母紧锁的眉头渐渐舒展，自己和老师的交流也多了起来。高一结束的时候，我进入了年级前8名，努力向初中的排名靠拢。现在想起来，当时的自己真是明智，因为不管怎么说，投入学习的时间始终是应该放到第一位的。

进入高二的时候，我的成绩稳定在前5名，偶尔能考到第3名。我读书较早，那个时候才15岁，刚刚进入青春期，个子长得很快，也开始注意异性了。不知从何时起，发现自己上课总不能集中精神，脑子想的全是其他的事情，眼睛也总往女生那里瞟。高二后，对大学的憧憬慢慢加深了，同班同学下晚自习后，回寝室的时间开始拖后，早上来教室的时间渐渐提早了。甚至体育课，女生也是全部回教室学习，和我一起打篮球的男生也变少了。我开始变得莫名烦躁。看小说的时候看到努力学习的同学，心里总是有股厌恶情绪（现在想来，是当时对自己不能努力的失望折射在他人身上的表现），想到："我没你那么努力，成绩还不是比你好！"看到比我成绩好的同学，就想："我只是不努力，努力了肯定比你厉害！"（也许当时自己是没办法努力，抑或是怕自己努力后反而得不到预想的成绩）因为期中考试时发挥得不错，家长会时被多次表扬，妈妈的脸上洋溢着欣慰的微笑（其实，父母要的不多。他们倾其所有，只是为了我们有个美好的未来，唯一的希望是我们成绩好，希望我们能进入理想的大学）。期中考试后重新分了寝室，我和初中的同学住到了一起。寝室里，我们谈论的话题由学习变成了讨论女生和宣泄对老师的不满，我们的宿舍也成了老师最头疼的寝室。这个时候，我和班里的一个女生谈起了恋爱，心思更不能放在学习上。另外一个变化是班主任换成了另一个任课老师，我高一时多次在他的课堂上捣乱，自然不受欢迎。恋爱的分心，老师的打击，与同学的矛盾，我在迷惘中努力寻找解决问题的方法。

对于高中生来说，有迷惘、有问题是难免的。遇到问题，我们都会不知所措，都会迷惘，甚至会放弃，但最重要的是我们能找到解决问题的方式。有人和老师起了矛盾，选择逃避老师，逃避课堂，还逃避这门学科，最后跟不上这门课程；有人早恋了，就沉迷于恋情中，忽略外面的事情，最终自食其果。如果我们能选择更聪明的方式呢？也许老师看你“不顺眼”，那么你就认真听他的课，在他的学科里取得好成绩，这是不是一种“回击”呢？也许你喜欢上了某个同学，你不是总想着和她在一起，而是努力让自己变得优秀，把其他追求者都比下去，这是不是一种恋爱的方式呢？只要选择理性，这些似乎“大逆不道”的事情，也没那么可怕。所以即使遇上这些“棘手”的事情，我的成绩不退反进，在高二期末，也就是第一次全市统考，我考到了年级第一名。也正在这时，发生了可能让我跌入谷底的事，我转学了。

高一的时候，我们看着高三的学长高考，这是几年来学校考得最差的一次：最好的没有进入全市前十名，只去了复旦大学一个并不理想的专业；第二名去了上海交通大学，后面的同学更不理想。这时社会上已经有了“传统名校光辉不再”的传言。高二那年，号称近来最强的一届也算是出了唯一的一个北大生，去了北大医学部。这时家长里面失落的情绪已经愈来愈浓。而一个新建的学校，也是我后来去的学校，却连出佳绩，高二那年更是有4个学生考上了清华北大（在我所在的小城市，这是很大的新闻了）。在一番挣扎中，我还是收拾书包去了新学校。

新学校在乡村，同学们都很淳朴。暑假，城里的学校还都处在假期的时候，这里已经开始上课（这相当于我放弃了高二的暑假），学校对我很好，专门给我安排了一个小房子学习，还有房间让父母照顾我。为了缓解我的生疏感，第一天，妈妈带了一大包吃的来给我打气，我们在学校外的小饭馆高喊：“为了理想，加油！”

第二天，6点一过就响起了闹铃，习惯7点起来的我根本睁不开眼睛。到了学校，迎来的是陌生的面孔。由于同学们的学习进度要快很多，于是每天晚上，我不得不抽出时间去办公室“开小灶”。我还发现，农村同学的数理基础非常好，并已提前进行理综测验，以至于我的第一次考试考得很不理想。另外，同学们的英语基础差得惊人，对我英语成绩的提高也是个不小的挑战。每到晚上，我就想起以前学校的同学们，开始几周更是周周打电话，表达对他们的思念。新学校的教学方式是模仿衡水中学的，当时转来也是希望能够被约束一下，这与我以往的学习方法简直大相径庭。每周只有星期天上午的时间休息，而这个时间也被新同学利用起来，而我依然每天上完晚自习回去上网看新闻；午休时间学校规定不能回寝室，只能在教室趴桌子上睡，而同学们是不睡的，我却申请回家养足精神；下课也没有像以前一样去阳台聊天，午饭大家更是冲向食堂，害怕浪费一点时间。来到这里本来准备补的理科进度缓慢，自己也是靠英语才能保持在前几位。最无法理解的是，同学们对学习的关注程度尤其高，大家把学习当成最重要的事，其他的一概不管；走路只谈论学习，每次考完试发试卷第一件事是看自己的成绩，第二件事就是看其他人的成绩；要得到其他人的尊重，只能靠学习，这都是我以前所不能想象的。再加上家境上的一点优越感产生的自责，我刚来的日子是很痛苦的。

在学校里待了不久，学校便组织学生去成都进行自主招生培训（高三自主招生培训，飞行员选拔贯穿了我的整个高三，以至于自己的学习时间减少了很多），培训中，我也收获了很多友谊。我在高三才接触到自主招生，相比同学们，水平差了一大截，再加上自己本来就不拔尖，看到他们顺利地写出我毫无头绪的自主招生题，更是惊得瞠目结舌。在培训期间，我的恋爱也结束了，这对我算是不小的打击。不过我也认识到，这时期的恋情算是美好的回忆，自己不应该沉浸在失落中，把美好的事物变成动力才是我应该做的。回到学校，班上挂起了高考倒计时的牌子，预示着地狱般的生活开始了（300 天还觉得正常，200 天稍微紧张，100 天后日子就是在飞了，30 天更是胆战心惊。10 天就麻木了，三四天就笑着迎接高考）。在高三期间，我看了很多励志的文章，如有名的《花开不败》，还有《100 天提高 200 分》，以及上文提到的《清华不是读书的好地方》。同时也学着网上把理想刻在桌上，把清华海报贴在床头。说来好笑，高考前的日子，同学有去拜佛的，甚至有买神药的，真是让人啼笑皆非。现在回忆起来，高三上学期过得不算紧张，记忆却很模糊，大概是因为努力的日子更刻骨铭心吧。总而言之，我的高三始终沉浸在拼命做事还觉得不够，总感觉别人做得更多的心态中。卷子做了一套又一套，辅导书翻烂了一本又一本，同样的东西一错再错，水平却感觉止步不前。高三上学期开始前，我们又去一个旅游景点培训，虽没学到什么，不过心情倒是调节好了。因此出去培训都是我们最期待的日子。期末考试倒是正常发挥，但唯一难过的是寒假假期全用来补课了。

进入高三下学期，学习进入水深火热的阶段，这个时候迷惘达到空前的顶点。教室里弥漫着窒息的气氛，书本成了唯一，在家吃饭的时间也被我一压再压，每次多吃 5 分钟都会自责不已，因为楼上一个女生每次都是在我拿起筷子的时候就出发去学校了；永远有比你睡得更晚的，有比你起得更早的，我们要做的就是相信自己，不被他人扰乱自已的节奏，适合自己的才是最好的。买各种辅导书也成了风尚，成堆的书占满了课桌。稍微一点浪费都会使人陷入自责；老师的办公室总是被同学挤满；每天的时间过得飞快，感觉自己做的太少太少。迷茫，是高三的主旋律。

一模开始后，高考的感觉终于来了。先是每月考，然后每周考，最后每天考；一轮复习，二轮复习，三轮复习（后来在自主招生考试前，我们被关在实验室一个星期，每天都是不停地做题。每当要放弃的时候，只要想起父亲说的，他永远相信他的孩子，我就能继续坚持。虽然结果是失败，这却成了我不可磨灭的回忆）。忙忙忙，忙得没有了方向。两眼一睁，学到熄灯；两眼一闭，还在记忆。这个时候，我的脾气变得空前火暴，对父母也不尊重，偶有小事，都是一阵大吵大闹。但是父母从没有怨言，他们总是默默捡起我发脾气扔掉的书，努力满足我的学习要求，不开电视，睡觉不敢打呼噜，在我回家前准时做好饭菜。现在想起，都是满满的爱意。每次模拟考试后大家都要对比成绩，全市排名成了我们的命根，老师把学生们视如骨肉，和学生在一起的日子比与自己的孩子在一起的时间更多。我经常与各地的同学打电话对比成绩并互相鼓励，聊以慰藉。

最后，课堂已经全部由自己支配。老师让我们根据自己的情况安排复习。我把书看了一遍又一遍，生物书被我用三种彩色笔做满了笔记；试卷做完后装订成册，叠起来可以与课桌同高；两天所用笔芯围起来都可以绕地球一圈了。进入最后10天，需要做的就是每天练题保持感觉。10天的安排被我密密麻麻写满了，但是在高考结束前，自己还是有很多书没看，很多东西没做完。

高考是在本校考的，我们被安排在小学部进行复习。复习的时候，意外地没有急躁，照我自己来说，考前的复习时间是最重要的，我一步一步、有条不紊地进行基础知识的复习。那几天父母特地请了假过来陪我，吃饭的时候他们绝口不提学习的事，而是和我聊聊生活的趣事，我知道他们是为了不给我压力（真正高考的时候，每考完一科，回到家看到他们疲惫却又强打精神的脸，故作轻松的神色，还有他们充满爱意的双眼，即使是过了近 5 个月，现在坐在电脑前的我，想起来也满含泪水）。考试的前一天晚上，我看了一部电影，老师在晚自习的时候走进来和我们聊天，并嘱咐我们不要在意结果。主任更是开玩笑道，考好了送手机。第二天早上，我早早来到教室，和大家一起接受考前动员，拿好笔、准考证，信步走进了考场。

考试的过程波澜不惊，尽管这是我 12 年努力的结果，却意外地没有紧张。在考试结束铃响起的时候，我坐在座位上，长舒一口气，并对自己说："不能做得更好了。"

最后结果出来的时候，得知自己是市状元后，我没有把持住，直接在街道上狂奔了起来，把路灯、夜色都抛到脑后。是的，我没有辜负自己，这就够了。

现在能够在紫荆公寓里写这些文字，是我的幸运。感谢我的父母、老师及同学们的陪伴。"暗透了更能看得见星光"，谨以此文，与君共勉。

姓　　名：王　季
毕业学校：江西省临川一中
高考成绩：总分631　语文129　数学140　英语138
　　　　　文综224
院　　系：清华大学经济管理学院

青春，在路上

该不该搁下重重的壳，寻找到底哪里有蓝天。随着轻轻的风轻轻地飘，历经的伤都不感觉疼。

——《蜗牛》

不知道该用怎样的文字叙述那一年的日子。那一年，我实现了清华梦；那一年，我高四。

一幕幕黑白色彩的画面交织成了我的回忆：那些为了一个纯粹的目标起早贪黑的日子，那些珍惜时间在食堂中狼吞虎咽的日子，那些因为考卷上的红灯偷偷抹眼泪的日子，那些为了实现梦想奔走在路上的日子，那些真正感受到青春在燃烧的日子……在真实的生活面前，语言总是会或多或少地限制情感的表达，就像再精致的画笔也会在大自然的悠然神韵中留下抹不去的雕琢痕迹。老师们都说，所有人毕业后一定会怀念这段高中的时光，当时深深的不解早已沉淀为如今脑中定格不去的画面。每一个经历过高四的人，都品味过它的酸甜苦辣，都流过泪，却也咧开过嘴；都攥过拳，却终有舒开、击掌之时。但每一种滋味正是青春燃烧留下的印记，抹不去的火般热烈。青春伴着我们，青春走在路上！

寂寞空庭春欲晚，梨花满地不开门

高考失利。天塌了，我无处可逃。

一时间，好学生的形象、乖乖女的形象，一直以来骄傲而又自信的形象，被摔得粉碎，无情地散落一地，就像重重落在地上的玻璃碎片，闪耀着好看的银色光泽，美丽得像天上的星星，但扎人的痛却是钻心。紧接着，假期旅游计划忽遭意外，实践预约又长期未果，一系列打击让我已经不清楚我是真的发挥失常，还是能力不行；我无法确定自己之前是真的优秀，还是仅仅是运气好。我害怕怜悯的安慰，但更害怕怀疑的目光。复读？似乎是我唯一的选择，可是我不敢，怕的不是又一次失利，而是没有勇气面对，担心又一次失败却成为证明自己真的不优秀的真相。

我开始把自己关在房里，不愿意见任何人。我不想面对大家的劝说，连最后一丝尊严也没有。

人往往是很奇怪的。摔倒后，宁愿躺在肮脏的泥泞里，也不愿再试着站起来。意外毕竟是完美的借口。

出乎意料，却很体谅的是，没有人问我也没有人逼我。

差不多一个月后，在家人的半哄半劝下，我同意到临川“玩一玩”。下了客车，竟然有几个老师在等着我。抬头看着爸妈歉疚的目光，我明白了，“复读”这两个一直小心翼翼避开了许久的词，终于，还是炸开在脑子里。

晚上，在早就预定好的宾馆里，我只问了一句：“你们是想让我复读吗？”“不是想，而是我们知道你的实力，我们相信你。”爸爸看着我，做出振奋的样子。

我笑了笑，点点头。

只是发现，太久了，我都只沉浸在自己与别人的悲伤里，没注意到妈妈多出来的白发；没注意到爸爸为了我复读的事总是整天整夜不停地打着电话；没注意到，他们睡得越来越晚；没注意到我从小到大的成绩单都被找了出来。我不知道，他们是咽下了多少疑问，挡住了多少“关心”；更不知道，他们找了多少老师，问了多少学校。一直以来，只顾着自己躲在家里清净，却忘了天天要买菜上班的爸妈。在外面，他们不得不面对无数人的询问和消息；在家中，还要绕着弯地安慰我。甚至，到临川还要绞尽脑汁编一个理由。

一直以来，爸妈总说我是他们的骄傲。最难受的，或许，不是我吧！

第二天，我们回家拿了行李。

手持行李，笑着送爸妈离开，挥手再见，听着一句句叮嘱，只是乖乖地不住点头。“如果又失败了呢？”终究没有问出口，我不能让他们看见我的胆怯。

坚定地转身，开始了一个人在异地的高四生活。

我一直在心中默念着：必须打赢这场战役。因为，我知道我输不起。

因为，我知道，我不是一个人。

既然选择了远方，便只顾风雨兼程

这里陌生的环境，陌生的人群。我换了手机号，切断和过去所有同学朋友的联系，手机里永远只有和爸爸妈妈极短的通话记录。

搬到了一个只有我一人的宿舍里。真正地用心读书，只有孤独。空荡荡的屋子，大大的床，盛着一颗满满的心。

曾经高中的我，是极其不安分的。上课找人聊天，下课围圈谈八卦新闻，考试就开"茶欢会"，抽屉里永远睡着一本漫画书；即使读书，也不会静心，只是把一本书草草看一遍，作业会做就行，草草了事。只是因为成绩好，被人捧着，一直飘飘然不知所以，天真地认为，读书上学，不过玩玩罢了。

可是那段时间我表现得无比耐心沉稳，就像一只永远不知疲倦的老黄牛，推着磨，一圈又一圈，虽然慢，却绝不会停下前行的脚步。

因为，在这样一个高手如云的学校，几次回答问题后便知道了自己与别人的极大差距。

原来，高考失利真的是我自己的原因；原来，我真的还需要努力。

累，磨还得转；停下，就失去了一切。失败的人，没有停下来休息的资格。只是，从来不知道，我可以把自己逼到这个地步。食堂、寝室、教室，我只去过这几个地方。厕所，也要计算好时间。

一年后，走出校门，仍会迷路。校外的世界？我不知道。

4本高中政治书早已被我翻散，翻来覆去背了十几遍，插画、注脚都烂熟于心，连人物都可以打招呼了。记得考前，老师要求我们理清课本思路，我仅花了10分钟就背完了一册书的所有知识重点和结构。在回寝室的5分钟路程中，便完成了对整个政治课的三轮复习。地理，盯着看图，只是看图，一直看图。一个个纸上的圆形地球在我脑中飞快地转动，正着、倒着、斜着、歪着，怕是早跳进了我的心里；中国那堆缠在一起的铁路，硬是在我一次次描摹和拆解中被捋顺了，“枝枝相覆盖，叶叶相交通”也终见明月。古文、名言一字都不放过，最后连《人民日报》评论都背了10多篇。每天一张试卷，365天，不知道共做了多少套，只记得，做到眼睛发疼流泪，却还是咬咬牙做完了——坚持住，不就一年吗？直到高考前，一张两个半小时的语文试卷，我只需1小时便可轻松完成。

那个夏天，爱臭美的我不知道流行什么裙子与颜色，不知道骄阳下的我会晒得有多黑；那个秋天，不知道又出现了什么明星与绯闻，不知道叶子什么时候离开了大树妈妈的怀抱；那个冬天，不知道为了上自习，湿了多少双鞋；那个春天，不知道一抬头，一抹粉红早染上了嫩绿的枝头。只是静静地看着右手中指，一个老茧竟渐渐凸起；只是慢慢发现，黑眼圈再也遮不住，痘痘因熬夜却纷纷探出头来。

我要一步一步往上爬，在最高点乘着叶片往前飞，任风吹干流过的泪和汗；我要一步一步往上爬，等待阳光静静看着它的脸，小小的天有大大的梦想，总有一天我有属于我的天。

一个月，开始改变作息，调整时间表，夜夜安眠。

高考前一天，我找到了一间闲置的教室，坐在考场对应的位置，坚持把前一年的高考题全做一遍。外界兴奋担忧，我独在奋笔疾书。

越是最后，越是关键。静，方能稳。

晚上，我躺在床上，合上双眼，只想到了一句话：“尽吾志也，而不能至者，可以无悔矣。”

一夜，无梦。

宝剑锋从磨砺出，梅花香自苦寒来

走出考场，一切了然于胸。面对所有人急切的目光，我笑了，大家舒了口气。那晚，却止不住地哭了，一整夜，竟停不下来。

就像经历了一场苦苦坚持、长途跋涉的梦。梦醒了，却仿佛有万般委屈囿在心头，一旦安全了，放松了下来，却失去了坚强的外壳，柔软得唯有大哭一场，方能解脱。只记得拿到清华录取通知书时，第一瞬间出现在眼前的却是去年的一幕幕，今昔对比，就像黑白照片与彩色电视的悬殊，恍如隔世。

静静地呆了会儿，随即大笑起来，现在，还有什么不满足的吗?

爸爸拿出了珍藏的好酒，妈妈换了新衣裳，亲戚朋友喜笑颜开，大家都很开心，这就够了，不是吗?

从为自己到为家人，从一味地逃避到勇于面对：高四一年，我走向成熟。

只会在水泥地上走路的人，永远不会留下深深的脚印。倒在泥坑里，哭后再站起来吧！磕磕绊绊，才有滋有味；跌跌撞撞，才是青春！

握紧通知书，大步踏上征程。只有脚踏实地的人，才能够说：路，就在我的脚下。别人笑，是羡慕；我笑，是自信。

自信：青春，在路上！

姓　　名：郜雪菲
毕业学校：河北省石家庄市第二中学
院　　系：清华大学生命科学学院（保送生）

有多少爱可以重来

谨以此文献给我的一段不会再来也不会忘却的青春时光。

有这样一个用滥了的比喻——高考，就好比千军万马过独木桥。每次听到这句话，我眼前就会浮现出马嘶刀挥、水急尘扬的场景；而竞赛却好像走钢丝，少了拥挤，多了艰险，走得好了，满堂喝彩，跌下去了，等待你的便是深渊。

在省一等奖名单公布的时候，在省队结果出来的时候，在我真实地感受到全国竞赛金牌重量的时候，在清华大学保送生预录取协议上印下我名字的时候，我知道，这一程钢丝我终于走过，有惊无险。

动摇过吗？有人问我。说没有一定是假的。高中三年，有太多的选择：有人高考，有人竞赛，有人出国；有人玩命，有人玩闹，有人得过且过。爸爸妈妈起初并不支持我竞赛的决定，因为在他们眼中竞赛太过冒险，何况生物竞赛在学科竞赛里并无优势，而我并不偏科，有不错的综合成绩，高考对我来说是最稳妥的选择。稳稳当当地成长，该是父母永远的心愿吧；班主任也笃定地对我说“我觉得你最后还是回来高考”。一次我指着教室地图上的安徽，说八月的我想站在那里，因为这年的生物国赛在马鞍山举办。我看到了别人看我像看着一个爱幻想的孩子一样的目光，毕竟我们校区还没有学生走进过生物国赛的考场。而高中之前，我并没有接触也没有考虑过学科竞赛，当初选择竞赛的原因，有对生物的热情，有对竞赛的好奇，有一路走来初进高中对自己的信任，还有一点对于大学保送资格的渴望和幻想。而上了“贼船”才明白生物并不等同于生物竞赛，明白了新奇和热情会降温，甚至会消磨殆尽。竞赛的艰险残酷步步显露，将自己定在教室里把书翻得卷边，学业水平测试一样要准备而且要考好，其他科目一样要抓，也要做好接受成绩下滑的准备，“鱼和熊掌不可得兼”是最古老朴实的道理。明白了不是努力就看得见回报，永远有人做得比你更多，拼得比你更狠，你付出的相对价值可能是零甚至是负值……“挺住！”我告诉自己。记得吗，里尔克的那句话：“哪有什么胜利可言，挺住意味着一切。”心里面是一点点的坚持，我不想让自己的努力白费；一点点的不服气，我就是要看看，如果我拼尽全力，毫无保留，赢来的会是什么，如果只能有一个省一等奖，只能有一个省队，只能有一个金牌……那个人为什么不能是我？

从 2010 年的 10 月阶梯教室里竞赛教练的第一节生物课开讲，上百名学生听得热闹新奇，到 2012 年 5 月 13 日，当初的竞赛教练和我们 15 人，15 个用青春做了场豪赌的热血战友，举着大大的校旗，在生物联赛考场外合影留念。那一张张青春洋溢的笑脸，是多少个月没有过的灿烂。近两年的时光，我挺住了；在当初的新奇热情渐渐降温，消磨殆尽，竞赛的艰险残酷显露眼前的时候，我挺住了。

“挺住意味着一切。”而时间告诉我，一切都是值得的。值得，不只是一张证书，一块奖牌，一纸保送，我觉得自己就像是故事《谁动了我的奶酪》里的小人唧唧，在迷宫中独自探险寻找奶酪的过程中，他渐渐清楚使他快乐的不仅仅是奶酪，其实他已经找到了他一直在寻找的东西。我的值得，是把《动物》《植物》《生理》《生物化学》《遗传与进化》……十几本我都不曾想过会看完的大学教材读了一遍又一遍，新知的愉悦畅快，生命世界的绝伦精彩，是近两年的竞赛时光带来的拔节般的成长，是一路收获的无价情义，是一场燃烧了的青春。

没有用日记记录下那段日子的点滴是一种遗憾，少了一份青春纪念。只是即便再来，如果每天再赐予我一个小时，我面对的也将是生物，生物……竞赛的日子里，睡眠都是一种奢侈。

只幸好，记忆足够深刻。

我们的考前 100 天，是真正开始冲刺的日子，没有什么举拳宣誓的庄严仪式。因为不需要，重要的东西不必说出，早以万钧之力扎根心底。

宿舍里，熄灯后和生活老师斗智斗勇，偷偷进行却总难免叽喳的夜谈悄悄消失。竞赛生可以开灯看书，是我们争取又争取，珍惜再珍惜的福利。困了爬上床倒头就睡。你常常会不知道最用功、最晚睡的那个人是几点把灯熄灭。我们学会了静悄悄地做一切事情，最真最深的懂得不是换位思考而是亲身经历，静悄悄地关灯，静悄悄地洗漱，怕惊扰了隔壁宿舍，心疼熟睡了的室友。睡眠，是一件太奢侈、太美好的事。

竞赛的学生，早上可以晚起一些。记着，是“可以”。这一种宽容和默许，也能什么都不是，因为你也“可以”照样早起。习惯有时候是一件可怕而可敬的事情。习惯了早起，习惯了早早地解决早饭来到教室，把大家留在教室的水瓶打满，习惯了晴朗的早晨、安静的教室、清醒的头脑，习惯了桌上摞着的十几本大学生物教材，习惯了装在纸箱里的卷子和每一套100多道的选择题，习惯了讨论问题时没有托词寒暄的直接……习惯了，就没有什么大不了，没有抱怨和牢骚。那是我们燃烧着的青春，为了我们的热爱，还有那个在远处闪着光的未来。

还有，习惯了在每天晚上8点的课间到操场上跑步。其实，那也是每天最轻松的时光，心里名正言顺地把学习踢出脑海。跑步，不光是为锻炼，也不只是为放松，还因为，这个时候是真的困了。跑两圈，吹着风，仰头看看星星，给自己充满了电，投入下一次运转。偶尔会边跑步边发狠地说：“这样的日子，不管怎样，以后不要再过了。”

总有人说，所谓的考前就已定型，应当尽量放松休息。可那时，每一秒的功夫，每一分的差距，都是资本。

考前一周，我们所有人在河北师大参加考前培训。没有怨言，没有懈怠。

每人拉着一个大行李箱，很沉。不是衣装，是满满当当的竞赛书卷。一次次的外出培训，总有人的行李箱因为承受书籍而半路罢工。

我们住在师大的研究生宿舍，原因只有一个，研究生楼晚上不限电。那是我格外亢奋的一周，半夜12点，1点，2点，本该是睡觉的时间，常常会因看书看到毫无困意，看着表告诉自己不能再熬了，才熄灯睡觉。宿舍里有一个小露台，站上去吹吹风，看看星星和亮着的灯光，给家人打个电话，报一声“爸爸妈妈，我很好”。时间不会太久。

早晨上课时间是8点，过了7点走进教室，前排的位子就已经有人稳坐读书。全省有实力的学生都在这里，暗自较劲，“杀气”十足。起床的时间越来越早，校园很美，活动很多，太极、跑步，与我们无关；食堂很大，早饭很多，我们却常常拿杯豆浆带个饼子进了教室。去得早了，大家就都有好位子听课，看得清板书和讲义，来得及提问。课间休息，学生层层围拢上去，拿着教材中勾勾画画的疑问，模拟题、练习册、下载打印的习题……这样的阵势大概老师都不常见。一些尚未解决的问题，偶尔会把大学老师问得语塞，那真的是一双双闪着光的眼睛。

近两年的努力，真的与身等高，但熟稔于心的资料考试只有两个小时。然后默答案，估分数。标准答案一改再改，老师时时刻刻刷新着网页。对于结果已无力改变却还要苦苦等待的感觉很痛，很难。省队也好，名次也罢，有人说，“如果告诉我，我是省的最后一名，我睡觉都会笑着醒来。”我们祈祷着自己的精彩，期盼着每个人的精彩，而心里都做好了接受一切的准备。成功或失败，输赢与否，三毛讲过：“一场付出了努力的失败就是另一种成功。”其实我们都已收获成长。

在我写下这些文字的时候，又是一年春末夏初，新一年的高中生物联赛将至未至，2013年的高考步步紧逼。许多人，对于我们这些大学的保送生，羡慕嫉妒而不恨。

我常常想起，去年此时在操场上跑步的时光，边跑步边发狠地对自己说："这样的日子，不管怎样，以后不要再过了。"其实怎可说是"不要"呢，而是不会，也不能了。想要大声地吼一句已经老到很少被人提起的歌词，"有多少爱可以重来"。因为爱、恨、人、蜡烛以及燃烧过了的青春时光，不可以再来，只能怀念。

感激与我并肩走过的爸爸，妈妈，老师，朋友。

最感激的，还是那时，那个头破血流也在拼命向前冲的自己。

姓　　名：郝　鸣
毕业学校：河北省唐山一中
院　　系：清华大学机械工程系（保送生）

遇见你们，是一种幸福

那些日子里，我们在最美好的岁月中相遇；那些日子里，我们一起哭着笑着前行；那些日子里，我们“晨兴理荒秽，带月荷锄归”。那些日子是我一生难以磨灭的回忆，是我今生的幸福。

那些日子里，我们共同享受教室里的欢声笑语。虽然我是以保送生的身份进入清华园，高考前很长时间就远离教室扎入竞赛自习室学习，但是在教室的那些屈指可数的日子，仍然是我今生最美好的回忆。犹记得在数学课上我们的激烈“斗争”，因为一道题，我们可以争论上半节课；因为一个数据，我们可以分毫不让；因为一道难题，我们可以从不同角度各抒己见；因为一道好题，我们可以各种改编拓展……难忘那些在教室里与你们相伴的日子！还记得，数学课上，数学“大牛”们对一道压轴题提出了各种令人叹为观止的解法。明明是一道代数题，却可以有着丰富的几何背景；明明是各种复杂的形式，却可以通过换元转化成简洁的表达形式；明明是一道新颖题目，却可以在已经做过的题目中找到它的影子……原本枯燥的课程，也可以在你们的陪伴下变得丰富多彩；原本困难的试题，也可以在你们的陪伴下变得新奇有趣！是你们，让我知道了更多的知识；是你们，让我学会了更多不同的学习方法；是你们，让我的生活充满欢声笑语；是你们，让我的生活从此焕发光彩！在清华园的每一节课，我都经常会有一种错觉，想起那年的高三，想起那年的你们。

那些日子里，我们共同奋战在竞赛教室。从不后悔走上竞赛这条路，因为它将我引入清华园，也因为它让我拥有那些美好的回忆。那些值得纪念一生的共同奋战的朋友，因为它给我留下了一生难以磨灭的回忆。相比其他教室，竞赛教室更多了几分自由自在。这一偌大的教室，只有我们十几个人，每个人都可以占用好大空间，虽然厚厚的竞赛参考书被随意堆在一个个角落，各种生活用品充斥在我们周围，但是这样的生活满是充实与快乐。静下来时，大家一起刷题，空气仿佛凝固，只剩下思想拔节的声音；动起来时，教室成为笑声的海洋，一件小事也可以为我们带来持久的快乐。临近复赛的日子里，虽然压力一天天在加大，但是因为有了这些朋友，生活并不痛苦。犹记得外出培训的时候，虽然人已经离家很远，但是家的感觉却从不曾远离，只是因为有无微不至照顾我们的教练，有互相扶持的你们。有人觉得，所谓同学不过是同时学习一场，聚了，再散了，不留一丝痕迹，没有一丝波澜。但是，在我看来，同学是一种命中注定的生命轨迹的交错，是一种温馨的生命的相依相伴，是一种在回忆里最有声有色的环节。在清华园已经一年多，我却依旧能在梦中找到那年竞赛教室的影子，隐约看到一些伏案的背影，听到一些干净得没有一丝尘埃的笑声。

那些日子里，我们共同在操场上挥洒汗水。操场上新铺的草坪，最适合惬意地躺在上面了。虽然是高三，每周依旧有雷打不动的体育课和活动课。青春激扬的我们肆无忌惮地在这里欢笑奔跑，无所顾忌地挥洒汗水，自由自在地放飞梦想。绿茵场上奔跑着的不是一个个被压迫的学生，而是一个个青春的少年；篮球场上跳起的不是一个个挣扎在题海中的学生，而是一个个心中充满梦想的少年；体育馆中挥舞着球拍的不是一个个痛苦的学生，而是一个个“书生意气，挥斥方遒”的少年……总之，在这里，没有了高考笼罩的乌云，没有了竞争的浓烈硝烟，只有快乐，只有放松。最后一段时间，学校开始要求跑操，围着教学楼、科技馆、体育场、停车场、阶梯教室、礼堂、行政楼跑整整一圈。本来枯燥无味的活动，却在大家的“共同努力”下变得趣味盎然：跑步就像旅游时欣赏风景，研究着平时没有留意过的一个个角落；又像每天闲暇时的散步，享受着温和的阳光与新鲜的空气。我们现在的口号是“为祖国健康工作六十年”，每次喊这个口号，我就会不由自主地想起当年的那个操场，那些茵茵绿草，那些明媚阳光，那些自在笑声，那些熟悉的面庞……

那些日子里，我们共同播种爱心。社会实践永远是我们生活的一部分，不管是在高中还是在清华园。还记得那年的我们，会在拥挤的路边协助交警疏导交通，会在清明节去烈士陵园扫墓，会在植树节种上我们自己的小树苗……现在的时间比当年高三时空闲了很多，有很多时间可以搞社会实践，但是高三时的一次次实践却依旧扎根在我的心间。现在的实践虽然多了，但给我带来的快乐没有成倍增加。那时的我，确实活得简单、率性，做什么事都不知疲倦，做什么都不会考虑成本与收益。也正是因为这样，那时的社会实践虽次数不多却是真心为之。也许真正的快乐就是和许多相似的人一起做很多想做的事。我很幸运，因为无论做什么，我的身边都会有好多陪伴我的朋友，他们永远与我比肩，一同追逐我们的梦想。也许是真的在清华园长大了吧，现在回过头来想想，其实所谓“爱心”也很简单，无非是你在做自己想做的事的时候，也为别人谋得了福利，无关利益，无关目的。最简单的生活方式就能创造最原始的幸福，最原始的不掺杂质的爱心。

那些日子里，我们共同参加劳动。犹记得那些周一的下午，例行的大扫除也是我们的快乐时光。看那些仔细擦着玻璃的女生们，神情像极了创作艺术品的大师；看那些拎着扫帚、拖把的男生们，酷似征战的将军走上沙场。没有劳动任务的可以三三两两去泡泡图书馆、打打球。虽然是短短的一节课，但等大家回到干干净净的教室时，心里还是多了几分新鲜。犹记得那些雪后的日子，大家一起“清扫”积雪，是把雪“清扫”到其他同学身上吧！雪后的阳光分外明媚，折射在雪上将整个世界映衬成了空灵的世界。大家穿的并不多，所以一张张还写着稚嫩的脸都变得红彤彤的，在一片白茫茫的世界里分外耀眼。雪球有时候被砸到脖子里，冰凉感激发起更高的“斗志”。一直到清扫得差不多了，依依不舍地回到教室，还不忘留下一个并不漂亮的雪人——不过，这毕竟是大家七手八脚一起堆的，有极其深远的意义！我的生命里还会有许多场雪，但是高三那年的雪地与笑声，将是我今生的唯一，永远不会被替代的唯一！

恍然间，离开唐山一中已经一年多了。还记得毕业的那几天——高考华丽地结束了，最后的钟声响起标志着我们高中生涯的结束，大学生活的即将开始。虽然对大学的向往是那么强烈，但是兴奋之余，还是夹杂着失落。因为我们的生命即将延伸到不同方向。毕业典礼上，回想起昔日的点点滴滴，回想起这些融化在生命里的美丽碎片，有些人哭了，笑着哭；有些人笑了，哭着笑。我们的青春旅程最重要的一段，就这样落幕，落幕在炙热的盛夏。穿着博士服，我们争抢着互相拍照，只希望在彼此的生命中留下一抹绚烂的痕迹，然后，消失不见。拍毕业照的时候，我们笑得都很灿烂，没有一丝别离的伤感，没有一丝落寞的忧郁。那张照片，大家都隐藏起失落，展现出快乐。可是，拍完毕业照，当各自走向不同的方向，步履却又是那般沉重！走出校门的一刹那，鼻子陡然涌来一阵酸酸的感觉：就这样结束了？一切都结束了？神情有了一丝恍惚，昔日的画面像过电影似的出现在脑海中，一幅幅都那样清晰，像发生在昨日，却又缥缈得遥不可及。

毕业了，当天晚上我们举行了聚餐。笑着当年的自己，笑着当年的别人，笑着当年的事。笑过之后，心底里又泛起了一丝惆怅。大快朵颐之后，又在KTV肆意大吼，宣泄着得意与失意。那是最无拘无束的夜晚，那样的夜晚，一生中不会有几次吧。

不得不说，遇见你们是一种幸福。上天让我们相遇、相交，再相离。因为你们——我的同学，我的朋友，我的生命在那些年绽放光彩。

姓　　名：刘晨迪

毕业学校：新疆生产建设兵团第二中学

高考成绩：总分651　语文115　数学141　英语125

　　　　　理综260　竞赛加分10

院　　系：清华大学工程物理系

一起走过的日子

记得在高考前的日子里，虽然每个人都在忙着自己的学习，但是每个人也在和同学、老师、父母有着不时的交流，在交流中得到迅速的成长。有几件事，我会永远记在心里。有几点建议，也想借此告诉学弟学妹们。

同学篇

当时我们班里有一个物理学习小组，是由班里的两个物理较好的同学组成，每周负责给班里物理相对较弱的同学出一份试卷，并在平时督促那几个同学自己做一些题，有不会的来问。试卷可以讲某一个容易混淆的概念，也可以针对某种题型专门出几道题。我虽然是其中的一位负责人，但是我觉得我付出的努力其实远远没有另一位同学多，他有时为了讲清楚某一个概念，往往要写好几面纸。

要知道在高三大家都抓紧时间复习时能有这样无私奉献的精神是十分难能可贵的。事实证明付出总会有回报，那几个同学的物理成绩最后都有较大的提升。同时，我在每次出试卷时，由于要查阅大量资料，也使自己的物理功底又加强了一些。

还有就是关于同学之间互相讨论问题，对于学得比较好的学科，比如数学，我经常拿一道自己已经做出来的但又觉得方法不太好的题去问三四位同学，听一听他们的方法。在问每一个人时，我都会将已经得到的全部方法和那位同学交流一遍（这其中也包括我自己的方法）。在讨论时我们的思想互相交流，往往能产生新的更好的方法。高中数学看起来每一块比较独立，但是最后综合性题目往往用的是一种整体的观念，我在交流中发现一道题往往能得到很多种方法，最后再整理下来，又发现竟然在某种程度上这些方法都是等价的。在这个过程中，我体会到了一种体系观念慢慢建成的美妙感，就像当发现万物间的一些联系时，你会为人类思想的结晶而感叹。对于比较薄弱的学科，比如英语，我常问一位学得较好的同学，由于我经常给她讲物理题，所以她每次也都认真给我讲她是怎么学英语的。在这个过程中，我感受到了同学之间互相帮助的美好。学习上的好方法一定要大家共享，独孤求败只会闭门造车，最后与同学脱离。尖子生抱团永远是最好的策略。还有一位同学每次总是来问我问题，但是当我要问他时，他却总是退在一边。不过这没关系，我依旧给他讲题，最终，他慢慢地开始了解我、接受我，也给我推荐一些好的学习方法。这样看来，最强大的竞争对手，只要你相信，一定也可以是最真挚的朋友。人与人之间是相互的，你想让他人怎样对你，取决于你先怎样对待他人。高中不是利益社会，要懂得付出，没有不可感化的对手，只有自私建立起的高墙。但是也要注意，如果你自认为某一科学得足够好，也千万不要掉以轻心。当时我觉得自己物理较好，但是当别人来问我题时，有时会忽然发现自己的知识体系竟然已经在最基础的地方出现了缺失。在给同学讲题的过程中，我也在思考，将自己的知识漏洞慢慢补全了。后来我总结发现，如果你自认为某一科学得足够好，长时间的练题反而会让你忽视一些本质的问题，而这样的问题学得不太好的同学往往能问到，在思考这些问题时，你又会重新审视到自己知识体系中不完善的地方。想到这，我不禁感叹道：如果不是你为同学的付出，怎么会有如此意想不到的收获？

记得当时在冲刺阶段，我们给数学老师建议，一道题如果讲完，某个同学有更好的方法，可以直接在班里提出来跟大家一起探讨。有一次我的方法提出来后，一节课上先后经过了三位同学的改进，最后老师都说最终合成的方法是现有方法中最好的。那堂课让我受益匪浅，不仅感受到思想交流带来的智慧火花，更加感受到同学们一起思考、一起探讨带来的收获。

除此之外，更重要的就是同学间心灵上的交流。在看似漫长的奋斗过程中，不要在忙碌中迷失了自己，朋友就是在并肩战斗时互相给予温暖的伙伴。在疲劳时，同学的一句“加油”，往往能使自己再次充满斗志；在交流心灵感受时，往往能重新审视自己的不足，从而提出更好的改进方案。我经常和几位同学在每天吃饭时聊聊最近的学习、生活、心理，我们一起分析，一起努力，时刻保持了一股持久战斗的冲劲。但是如果是和异性同学交流，也一定要把握好度，要知道，如果交流影响到他人，没有让双方得到提高，还是不交流为好。当时我也经常和同桌的那位女生交流，针对我们心理上和学习上遇到的问题表达自己的看法，在奋斗中相互鼓励，现在大家都成了很好的朋友。有时在交流中同学的一句话也许就会成为你的精神动力，一位同学曾对我说“在绝望中寻找希望”，直到今天我还记得。同学奋斗的身影本身对你也是一种激励，因为你们都在同一条路上，有最相似的感受。

老师篇

老师们很无私，他们永远把学生放在第一位，我们的班主任多少次中午只能靠在办公椅上小憩，多少次给我们补课时她那才上小学的孩子只能在我们教室的窗户外张望。看着所有老师辛勤付出的汗水，我们也渐渐被他们感动，其实他们和我们一样，都在为着一个共同的目标奋斗，我们要走近他们。在某次考试失败后不妨去找老师分析，让他们帮你重拾信心。我不会忘记自己在最后一次模拟考试中只考了 610 分左右（满分 750 分），当时我心里十分难受，甚至有些怀疑自己的能力。但是通过和各科老师的交流，包括告诉老师自己是怎样复习、做题的，让老师帮我分析我的方法有没有错误，只有让他们更好地了解了你，才能帮你提出更好的解决方案。我十分感谢我的班主任，那时候她对我说，我的方法没有问题，让我坚持，她相信只要我坚持下去，最后一定能看到自己想要的结果。现在看来的确如此，同学们一定要相信，只要你足够认真，把该做的事做好，真正高考前的任何一次成绩，都无法代表你最后的水平，高考时一定能考出你应有的成绩。

还有那次模拟考试，平时我最拿手的物理居然连连丢分，110分的卷子以60多分的成绩排在了班里物理单科最后一名。那次考试之后，物理老师找我谈了话，仔细分析了我的问题，我也将当时自己考试时的情形，做题的思路、步骤甚至心态告诉了老师。老师听完，说我其实是太急于求成了，让我追随着自己的内心走，相信自己的实力。在那之后，我不断地找感觉，找一种自信的感觉。最终高考，我还是以物理满分的成绩为自己的高中物理生涯画上了圆满的句号。

父母篇

那时候我和同学在学校附近合租一套房子，妈妈每个周末都坐公交车来看我，单趟就要坐40个站才能到学校这边，为的只是能看看我，帮我整理整理宿舍。我们为了高考，其实很多本来应该自己做的事情都由父母代劳了，他们这么做，只是为了我们能更好地投入学习，有更多的时间来复习。我们一定不要忘记他们的付出，一定要尽量减少和父母的冲突。我们压力大，父母都能理解，他们想让我们的压力小一点，想和我们谈谈心，可是我们总是以忙为借口来回避他们的关心。其实，我们能做的就是让他们知道我们在干什么，我们在这里都很好，每天很充实，请他们放心。他们是最无私的，想帮助我们减少压力，却一次次被我们忽视；默默地支持着我们，却无法和我们一起并肩战斗；在心里祝福着我们，却无法得到哪怕我们对陌生人说的那一句感谢。同学们，你们都不是小孩子了，不要让关心你的人为你担心，这是成长的最基本标志之一，你们要学会自己面对一些东西。不要忘记，在自己最痛苦的时候还有你的心在陪伴着你，一定要将自己从深渊中拉出来。只有经历过最痛苦的磨炼后，才能坦然面对生活中的一切，这本身也是对自己提升的过程。清华校训中的“自强不息”也正说明了这一点：“一刻自强易，一生不息难。”同学们，如果你能够一生都保持一种不息的自强状态，我相信，你的人生，一定是最辉煌的！

没有一个人的成功只属于他自己。同学们，在你们每个人的身后，一定站着一批人。他们中有的人不论你在什么状态下，或悲伤，或喜悦，都会永远站在支持你的这一边，与你在一起奋斗，创造着属于你们的奇迹！加油！

姓　　名：王子涵
毕业学校：广东省珠海市第一中学
高考成绩：总分706（广东省第二名）　语文131
数学144
外语139　理综292
院　　系：清华大学土木工程系

在星空之下的我们

——高考完后，在清华的随想

此刻，我正坐在电脑前静静地打字，宿舍的窗帘拉得很紧，但我总觉得夜空上有星星在盯梢；想写点东西却写不出来，总觉得高三还烙印在我的身体上。

高考已经过去很久。高考结束后，我的生活转换得十分顺畅，顺畅得让我有点恐慌——原来高考就是这样结束的，原来我们期盼的自由就是这样到来的。

说到期盼的自由，我不知道我该从哪里开始讲我们高中的故事了。

自由、梦想、青春、成长

高中时的第一节语文课留在我脑中的只有梦一样的色调，却没有任何内容，只觉得从那以后我彻底地接触到了自由、梦想、公正这些青春热血的概念。我记得有一段时间，班里充满了自由与梦想的氛围，同学们会为应试教育愤愤不平，会为机械式的教学方法抱怨不停，会因为周末补课而冲动不已，而现在的我再看这些，总有一种悲哀的感觉，因为我成长了，但我又怀念过去。

现在的学弟学妹们也在重复着同样的轨迹：因为下午加了一节自习课缩短了洗澡吃饭的时间，因为学生会面临封杀就抱怨校长……但我觉得对学弟学妹们的"可笑行为"没有指责的必要，因为在所有人的成长轨迹中总存在一段时间，在这段时间里世界是属于年轻人的，年轻人也认为他们拥有世界。他们认为吉他、舞鞋、电脑、社团、球队就是自己的一切——其实这就是梦想。如果我们对这种躁动偏执的激情加以包容和谅解，并创造出能让这种激情保温发芽的土壤，我想我们的国家就会有我们自己的披头士、MJ或乔布斯。

或许我离题了，只记得那一段如梦幻般的日子最后是在不甘中结束的。我记得老师告诉我先去适应这个体制，然后再"用良币驱逐劣币"。于是，我按捺住热血，开始用心学习成人的世界，理解成人的价值观，我想总有一天——可能就是高考之后的那一天，只要我想去找回原来的赤子之心，就一定可以再次上路，就一定能"用良币驱逐劣币"。但现在我发现不是这样，尽管我依旧坚持自由、公正，但我开始为了利益和安全，以学长的姿态嘲笑学弟学妹们的梦想。或许有些东西只有在特定的时期去坚守才会完整，而像我这样丢掉了再捡回来，到那时才发现当初的梦已经残缺不全。

现在的青少年比大多数成人想得更远，顾虑更多，但可惜成人比青少年更懂现实，更有经验。而且可怕的是成人不想让后人受同样的伤，于是告诫他们哪些路不要走，他们的开拓精神就这样一点点消失殆尽。虽然他们成长了，但哪个更有价值呢？是背负起现实责任走平坦大道，还是沉醉于乌托邦挑战那悬空的阶梯？

期盼的自由没有我想象的那么美妙，因为我没有完整地去忍受不自由的苦难。我适应了这种体制，并在苦难中唱歌跳舞，真正地唱歌跳舞。这不是对不自由的蔑视，而是对不自由的顺从。苦难就应该用眼泪去浇灌，否则等到解脱之时我们也不会再懂得何为喜悦的哭泣。

说这些话不是想要我们的后辈们哭泣，但我想总应该有人坚守一个信念——现在的教育体制有问题。就算我们是体制内的强者和既得利益者，也应该坚持这种看法，那就是我们需要改变。很庆幸我没有丢弃这种价值观，也没有完全顺从于这种体制。如果有人在走我们走过的路时遇到了同样的迷茫，我不主张完全地梦想化，而应该去经历梦想破碎的痛苦，学会在这个社会上立足的技巧，然后再捡起碎片。因为就算不完整了，你我也依旧能“用良币驱逐劣币”，哪怕只坚信一点点新的东西，我们也在推动这个社会的进步。

而我们真正的梦想会是什么呢？或许就是有一天我们的孩子们不用再丢弃自己单纯又错误的梦想了吧，他们的父母会告诉他或她去追求乌托邦吧，因为你们不用害怕受伤——这个社会很宽容，你可以既背起现实的责任，又追逐那只属于自我的梦想。

但其实自由追梦是很累的，也是孤独的。

孤独感、无力感、绝望感、幻灭感

高中有很多机会让人体会到深深的绝望，尽管这种绝望的对象比较狭隘或者可笑，比如一段破灭的恋情，一次失败的考试或者是一个错过的机会，甚至一点点被人看低的自卑感，这些都会给身处敏感期的我们造成莫名的伤痛。每个读过高中的人都会有一段自我放逐的经历。记得那时，我会半夜一个人坐在天台看月亮看星星，或者单独走夜路细嗅校道旁的花香。这种文艺范的行为，完全就是为了保护自己不深陷于挫折的泥潭。而当我们把这种痛苦讲给别人听时，就不要强求别人的理解了，因为不是每个人都有同样的心情，所以我们如此眷恋那种自我对话、品味孤独的感觉。

高中时的夜晚，我有一半时间是近凌晨一点才睡着的，其中又有一半完全是早早躺下了却忍不住和自己对话，或突然大笑或突然掉眼泪。作为一个理科男，老是在窗边听雨声是很让人匪夷所思的，但那无处不在的孤独感总是会蔓延到一切存在上。同学聚会最热闹的时候我往往最孤独，翻开手机的通讯录却发现此时此刻的想法没一个人能懂，指着天上的星星告诉身边的人今晚夜空多美却只被草草应答一声。其实这些经历在现在看起来很正常，但那时候没长大，便十分天真地哀怨一个夜晚，也算是浪漫。

至于幻灭感，就无法描述了，我觉得不要抑制自己的白日梦或看似无意义的随想，那是大脑给我们的最好的宝藏。我以为成长的实质就在于价值观的不断变化，而孤独、绝望和幻灭都是一种破而后立的价值观的升华，对我们的思想方式有极大的帮助。

但我体会最深的是无力感——

有一些事，很艰难，但我知道我可以用我的努力去做到，我知道我可以把这件事分解为一个个小目标慢慢达成，我知道这种事是符合“有付出必有回报”原则的，这种事情完全不是真正的难事，有心人自然可以战胜它，高考也是如此。

但又有一些事，无法判断它到底是简单还是困难，而你投入再多，等到最后也完全得不到回报：这才是真正腐蚀我们、腐蚀社会的无力感。比如先天的样貌身材，比如先天的家庭背景，又比如运气，再比如爱情。

为什么如此多的平民对富二代、官二代心怀怨恨？因为确实有一部分人一出生就拥有别人一辈子也无法拥有的东西。现在有的贵族子弟标榜自己独立创业或者有高级学位，却不知这本身就是无力感造成的一部分。至少我无法十多岁就留洋，最后拿到各种艺术鉴赏和经济管理的海外文凭归国后直接当高管，至少这个国家中城乡教育机会的差距还在不断扩大：这都是无力感蔓延的诱因，身处青年时期的我们暂时没有能力去改变社会，还有一大批在工作生活高压下的前辈们：这就是网络上最活跃的两个群体。因为被无力感腐蚀掉了信心，不敢再活跃在现实中。

我还记得我被拒绝后的无力感。因为有永远无法用努力得到的东西，而怨天尤人，愤世嫉俗，这种危险的冲动往往是“大多数暴力”发生的前兆，或者是激情伤人的预演。但是正如我们以积极的姿态去面对孤独与绝望，我想无力感的宣泄也是相似的：幼稚一点，文艺一点，自我一点，找个朋友夜聊到深夜两三点，或者坐火车的时候单独拿一罐啤酒走到吸烟区喝半个小时。类似地放纵一下吧，这种看似愚蠢的行为，要远远好过在无力感支配下自以为看透了这个世界。

最后要记得回头。因为不管是怎样难克服的情绪，多么复杂的心理，时间是站在我们这一边的，所以不要因自己一时激动就切断了自己前方的道路。而时间又不是站在我们这一边的，所以要记得回头，不要遗忘了这些我们黑暗的一面，并要学会感激它们的存在。

书、球队、电影、漫画

看书是成长最普遍的方式。正如我坚信成长就是价值观的不断变化，书就是价值观交换的媒介，所以我觉得看书不在多，而在看得进去。每看一本书要试着去相信作者，去理解作者的价值观。我们说的批判性思维，不是在于批判文字，批判文意，而是在于对一本书中作者传达出来的意图进行客观思考。换句话说，看书绝对不能固执，不然就会把书读成和自己一个模样，那么这种阅读是很少有收获的。警惕惯性思维，这是读书、看报及运用一切传播媒介时必须警醒的一点。任何作者的价值观相比于任何读者一定会有超越的一点，所以我们对书恭敬，并通过书来一步步超出“命定的局限”。

读书强悍的“学霸”总是被群嘲为nerd，但我从小看球，所以偶尔被人说“学霸”还是很意外的。球赛与球队总给我一种雄性特有的荣誉感，因为那是在残酷的争斗中得到的胜利，有赢者有输家，用学科思维讲就是符合了男人好斗的本性吧。但我更喜欢追忆一个过去的伟大球员，或者伟大比赛，然后在激动的回忆中感到那一阵阵的伤感——时光不再，也喜欢看现役的球员为了荣耀奋战的那种执着不悔，然后感到热血与向上的动力。我记得高中三年看到了科比的坚守，看到了梅西的王道，看到了纳达尔和德约的创纪录鏖战，看到了热火和马刺的时代更替，看到了老爵爷的伤别，看到了整个球场的爱尔兰球迷一起放声高唱：原野上空始终有小鸟飞过。这句话伴随我看完了多少悲喜交加的比赛。

记得班里的足球、篮球、排球班队，都是以伤感结尾的，但我喜欢这种经历。体育，是取舍的艺术，是坚守的体现。人类所能想到的所有美德，我们都能从体育中以无形的方式深切体会到，体育能给我们的也是无价之宝。

有时候一部电影的影响会胜过一本书。其实电影的价值观输入十分有效并集中，而高中学会看电影是让我十分庆幸的事。当时艺术老师朱老师带着我们看了《勇敢的心》，从纯电影艺术的角度，到剧情的理解，到各种灯光手法的解析，最后一幕看哭了多少亲爱的同学，而我也在那时起真正理解电影是如何成为一种艺术的。此后又重新看了以前草草看过的许多经典影片，《泰坦尼克号》3D 重制以后我们组了十多个人一起去影院看，出来一片红红的眼圈。在高中我成了班里组织看电影的专门人员，最后还客串了御用摄影师的职位。电影中的绝望削弱我们自己的痛苦，电影中的快乐加强我们现有的欢乐。

电影是被普遍认同的艺术，我却还想说一个在高中很有争议的话题——日本漫画。我高中时才开始看漫画，追了三年《海贼王》。

看了海贼对梦想的理解会改变很多，我们这些祖国的花朵以身犯禁，结果看到了一个为希望而奉献一生的傻医生，结果看到了一个为国家拿着炸弹直冲九霄的傻武士，结果看到了一个为后辈而永不后退战斗到死的老人，结果看到了一个用自己的一条胳膊换来"新世界"的男人，结果看到了一个为守卫真理而牺牲的学者，结果看到了一个立志环游世界完成对伙伴约定而寂寞苦等数十年的亡魂，结果真的看到了一种超越式的梦想。

现在官方对电影、动漫都有着十分严格的管制。我觉得如果我们真的需要出口我们的价值观，就不应该筛选外来的价值观。我始终觉得权威的经验只能相信一半，因为世界在变化，不要总是担心我们的孩子如何娇嫩，这样只会让前辈的担忧成真。

最近的《进击的巨人》很好看，绝对的现实主义。如果我们觉得现在的高中生还不适合接触这些东西，那就不用谈坚强和光明了，没有见过黑暗的人怎么可能理解光明的真意呢？就像没有勇气承认自己错误的人或组织或更大的存在，那他们自称的美好也是不会被相信的。

友情、爱情、亲情

电影中的反派总是说"情感束缚你变强"，然后正义的主角总是在最后用行动颠覆这个论断，在友情、爱情、亲情的鼓励下使小宇宙爆发。亲情是无所不至的，是关乎传承的，但亲情也是直接而粗暴的。不知何种原因，我无法理解"谁言寸草心，报得三春晖"的感恩之情。我们欠父母的，最终会补偿给我们的孩子，所以亲情不完全是双向的，更多是单向的流动。我们对父母的爱，对前辈的感激，最后会让我们去学着像父母前辈一样对待我们自己的孩子与后辈。这种理解比较西式，也可能跟年龄有关吧，现在的我追求自由与独立。我认为亲情不高于一切，亲情也不适合露骨的表达，学会感恩更不是学为父母洗脚、学给父母写信。我父亲常说等你自己有了孩子就会理解我们的辛苦，但到底什么时候我们才能理解亲情，是因人而异的，也不必强求。在真正理解之前我们依旧可以让家庭充满快乐，这本身就是所谓的最好的回报。

在高中，我们接触得更多的是友情与爱情。我的班级是给我带来改变的地方，有些事情父母无法理解，以前的朋友对我们的认识也已经定型，所以会需要一个新的环境从头再来。我的同桌，也是我的好友，在高中三年里让我深深感动，不是说友谊的关怀多么无微不至，但作为一个人，被他人需要和相信的感觉是十分重要的。很庆幸我的班级能让我们互相交换这种信任感，此刻我的朋友们正在 QQ 上谈论大学的分布，有人说北京的大学很近，骑一辆单车 10 分钟就能互相找到彼此；有人说大学联系要写信，要学会等待；有人说我们的专业要百花齐放，这样以后在更大的世界上将会有相互照应：是啊，我们都厌倦了离别，就让这个班级的梦想一直延续下去吧。正如我们的班级口号“世界没有奇迹，我们因此而生”；正如每一个同学的生日我们都会全班传着写“班级特制贺卡”；正如我们男生在高考前几天还像个小孩一样折飞机扔纸团；正如我们暑假一起卖书，一起旅游，一起在酒店里面三国杀、打牌、大冒险。青春的记忆就是这些，与亲情不同，这种高中纯真的友谊在以后怕是难寻，所以显得格外珍贵。

父亲也曾经跟我说不必太在意同学之间的友谊，因为总是要到站的。但我觉得正因为总会要到站才会更加重视友情，这是人生中一段特殊的时光才孕育出的情感。作为一个站在离别的门槛前的人，自然会有更多的爱与珍惜。

而爱情总是被我们自己或其他人嘲笑，因为没有人敢说自己真正懂，只有自以为真正懂的人。老师与前辈当然是坚决反对在高中谈恋爱，谈恋爱也确实会对青少年造成十分大的情绪波动，但我觉得爱情会让每一个青年人更加完整。高中的爱情比大学要单纯很多，大部分男生选择了暗恋的方式，这样挺好，我也一样。因为一个特别的人，而拥有了更大的动力，有了她会自认为无所不能，直到高考后才被无力感吞没，这是用痛苦来换取经验与成长的经历。高中的压力是很大的，没有适当的情感寄托，我们的心理极易走向极端，产生一些永久性的扭曲。抓紧时间浪漫一把，也让我们学会适应落差，适应孤独绝望，适应梦想破灭以后的事，让我们足够坚强而自认为不会再被打倒。

这确实是很青春的想法，用放大镜把几种情感放大，来支撑我们 12 年的最后一搏，来为我们的人生立起后盾，我们还是要有一些自信的。而这几种情感都让我们可以对着蓝天张开手臂，人与人之间的羁绊是力量之源，因为他人，我们存在的意义才被回答，而不至于迷茫。

仰望星空

我的习惯是走在夜路上抬头问候月亮与星星。其实完全是没有意义的举动，但是夜空是唯一让我们有梦想的即视感的景观。不论是我们人眼所及的地平线，还是蓝天白云，都比不上夜空那黑暗的无穷无尽。在高中待久了，内心深处的压迫感和怨气是我们无从察觉的，只要看一看月亮与星星，就无从察觉地被它震撼，而更专注于眼前。

“记得我们 70 岁一起去看哈雷彗星。”这句话是我说的，现在送给我在清华的未来。

姓　　名：薄子豪

毕业学校：河北省石家庄市第二中学

高考成绩：总分701（河北省第二名）　语文115

数学150　英语138　理综288　加分10

院　　系：清华大学电子工程系

高中，那个神圣的字眼

依稀记得，那是个飞雨的季节，我踏上了通向高中的道路。天，是灰色的，或许是因为时间尚在清晨，毕竟，我即将要背井离乡，独自一人拼搏在300公里外那个遥远的地方；又或许，离别时的辛酸压抑在心里，连乌云都不忍消散。我向车窗外望去，家乡从来没向我展示过它的美丽，但今天却也变得慷慨，只可惜它渐行渐远了。雨，落了下来，在车窗上划过一道道织帘，我静静地闭上了眼睛，任雨声肆意在我的耳畔回响。我明白，无论是否情愿，我的高中生活就要开始了。

之所以选择在外地上学，是因为可以接受更好的教育。我的初中是县城里的一个地方中学，不过，凭借我过人的毅力和头脑，中考时取得了全市第一的优异成绩。但我从未出过远门，并不太容易接受即将独立生活的事实。更重要的是，在那个高手如云的神话高中，我对自己是否能做到不因失败而堕落甚至缺乏自信。长辈的殷切期待依旧，我对自己说："硬着头皮上吧……"很难想象的是那雨下了一整天。

不出我所料，开学考试给了我当头一棒，年级91！我依旧像往常那样在哪里都保持微笑，可内心却如海啸翻滚。"冷静下来，你要适应！"那时候我才明白什么叫"站着说话不腰疼"，尽管做好了充分的心理准备，我仍旧差点没爬起来。

军训是一个缓冲。在日复一日的汗水中我逐渐让自己平静，结交更多的朋友，尽量改变自己的性格。那段日子的确成为我高中三年里最值得回忆的一段时光，不仅仅是它带给我意志的磨炼，更是我性格上的一次修补。我们军训结束后有一次队列表演，我很幸运地当上了班里的队长，想必是教官见我正步踢得还可以吧，总之那是次不错的经历。或许我现在都该庆幸争取到了那次机会，否则如今大学里的国旗仪仗队中还没有我的身影呢！当然这也是后话了，暂且不提罢。

第一个月很难熬。我不仅要适应独立生活带来的孤独，更要平衡我那颗好胜的心。还好我认识了许多新朋友，虽然他们不会每天对我嘘寒问暖，但在与他们的交谈中我总能变得开朗活泼。我第一次感受到同住屋檐下的室友之情，因为这群可爱的人，我的心时常能感受到温暖。可即便如此，我依然摆脱不了回家的迫切心情。我们每个月放一次假，一次只放两三天。为了这仅有的回家机会，我几乎提前半个月做准备，包括物质上的和精神上的，把要带的东西写在纸上，每天看着日历计算着还有多少天放假……如此种种，一次假期过后又陷入下一轮的循环，留下深刻印象的是假期和上学期间似乎不同的时间流逝速度。熬过了那段"断乳期"，我才回到了生活、学习的正轨上。

终于要面对高中的学习了。我一向对课本知识感到得心应手，之前9年的学习中，我感觉自己是一条鱼，而游泳是与生俱来的能力。但在第一节数学课上，我有一种从来都没见过数学的强烈感受，即使我不断暗示自己我可是听了9年课的。我希望身边的人跟我都是同样的体会，可又不禁嘲笑自己心理的畸形。还是有厉害的狠角色，能够以我想象不到的速度赶完作业，然后抬起头告诉旁边的人他要预习了。我埋下头，装作听不见他们在说什么，努力地写作业，祈祷可以有朝一日赶上他们，却又对此不太有信心。这时候，老师告诉我们，有兴趣的人可以选择竞赛，大家一开始都可以去听听竞赛课。我心里突然升起了一股莫名的敬畏——奥林匹克竞赛，在我们那个县城连这种辅导书都能数出有几本的领域，却毫无征兆地跳到我面前。听听吧，这也是一个机会。那天晚上是化学竞赛课，大家都到一个大的阶梯教室上课，足有200人的规模。我选择在教室的左侧位置，不太靠前，心里想着前面的位子就留给那些“大神”们吧，他们会把老师的提问回答得如行云流水一般。事实上也确实如此，不过令我胆寒的不是“大神”们优异的表现，而是老师讲课的进度。一共只学过初中一本化学教材的我，惊讶地发现这一节课讲完了大学课本第一章的内容。我又陷入了一个自卑的境地，幸好老师说最终坚持学下去的不会超过20人。于是，我暂且把竞赛抛在了脑后。

这就是高中，它在我心中似乎有那么一股神圣的气息，就像登山者拼尽全力，抬头时远望的山顶那样朦胧。

第一次考试的成绩，我记得清清楚楚，地理考了年级第一——

尽管总成绩仍然没进前50，但那却给了我莫大的鼓舞。的确，我对自然地理有着浓厚的兴趣，它来源于我从小对天文学的热爱，因为自然地理也很接近近地太空的领域。那次年级表彰会上我领到了高中以来的第一张奖状，兴奋的同时，我在心里对自己说："不抛弃，不放弃，我不想认输！"不过，那段时间最令我惊讶的是，每次考试我的政史地都是帮我提分的，但由于我早就给自己一个理科男的定义了，所以心里总有种不自在的想法，好像有一只蚂蚁在我后背上爬，我却总也够不到它。即使有一次小考，我的物理出其不意地拿了61分（满分100分），但这都没有动摇我选择理科的决心。如今我为我的选择庆幸。人的一生总有那么几次抉择伴随着各种干扰，有时是显而易见的误导，有时却让人很难判断，只有真正了解自己的人，才能拨开眼前的阴霾，找到那条正确的道路。

适应了高中的节奏，我也渐渐找回了久违的状态。高一时的我可以说诠释了什么叫作"逆袭"——第一次考试全班39，第二次27，第三次20，第四次12，第五次就进入了全班前五名。兴奋的同时我也看到了成功的希望。记得班主任在开学初曾给我放下狠话：你必须进入班里前五名！那时认为这是个不可能完成的任务，但一个学期就成功了，令我自己都有些不知所措，当然可以说是飘飘然。于是，在第二学期奇迹般地拿到全班第一之后，我放松下来。这种放松不是像一个优秀的白领偶尔坐在电视机前惬意地喝着咖啡，而是对自己从内心上降低了标准，尽管表面上依旧认认真真地听讲，保质保量完成作业。于是，我第一次感受到，在高中一个人的态度决定他的高度，真正的高手不在于比拼学习多卖力，不在于要在表面上给人认真的感觉。心理上松劲了，无论肢体做出多大的贡献，他也一定不会进步，或者说，不会比别人进步更多。之所以深刻体会到如此，是因为由高一下学期到高二全年我一直在班里十几名徘徊。我的班主任也看出了我的问题，经常质疑我是不是只用了 80%的精力，“或许吧”我口头上这么回答，心理上却没有任何的异议。同时我也深刻体会到，比起身体上的疲惫，精神上的疲惫更加难以调整，后果也更加严重。

事实上，我并不想否认我的叛逆性格。比如说，我认为对的事情，无论别人怎么说，都不会改变我的行为。在物理上出现过几次这样的情况，老师讲的同我想的例子截然不同，要么老师做出让步，要么我们各持己见，总之我很少有低头的时候，除非我犯了严重的低级错误。再比如，我一直支持课间睡觉，虽然几乎所有老师都劝我们课间多出去活动活动，驱走困意。因为我坚信，困意是永远驱散不了的，即使获得了短暂的清醒，也只是暂时的。缺觉就是缺觉，强迫的清醒过后会袭来更强烈的困意——课下睡总比课上睡好。于是，经常见到老师下课把大家“轰”出教室，而我却舒舒服服地趴在桌上睡觉的情形。不过至今我不曾为做这些事后悔过，因为一个希望做出一点事情的人从来不会甘于做一棵墙头草。敢于坚持己见的人不一定能成功，但没有自己坚持的想法的人一定不会成功。其实，高中也是个塑造人一生性格的关键时期，我经常这样想。

可以说我的高二是在浑浑噩噩中度过的，因此在即将迈入高三的时候，除了学校给我们做了次效果似乎不错但却很形式主义的升高三动员大会（我一直不太喜欢形式的东西），我也给自己放下狠话：一定要拼一年，这是最后的一年了！我发觉我越来越喜欢这样一句话：“高三是人这一生中最幸福的一年。”再没有哪一年能让人为了一个单纯的梦想奉献出全部的精力，彻彻底底的充实是一个高三学子对于每一天的真实感受。从这个意义上讲，高三完全符合幸福的定义，即便我一直反对应试教育培育出一个又一个“聪明的傻子”。高二的最后一次期末考试，我考了年级第五，也算是为最后一年开了个好头吧。人们都说悬崖勒马，我终于在最后一年里找回了让自己紧张起来的精神状态。这不是一件容易的事，所以说我一直劝别人尽量不要让自己松懈，一旦松下来就很难紧张了。在高三的一次又一次的考试中，我总结出一点，就是“状态”这个词确实占据了举足轻重的地位，它可以让人飞速计算每一道题，并且一个失误也不发生，却也能够让人即使检查两遍依旧漏洞百出。拼到最后，直到高考，在高手们都快将书啃了三遍的时候，谁摸透了迅速找到状态的方法，谁就能笑到最后。这方法对每个人来说都有所不同，我有一个同学喜欢通过刷卷子找回手感，而我倾向于翻出曾经的错题难题，仔仔细细地演算一遍，大概这样能让我充满信心。

高考那天，依旧是细雨连绵。考场上的我，细数这三年走过的路，心头不禁划过一丝不易察觉的悲伤。是留恋，是珍惜，还是两者都有，我不愿分辨。高考带给我的，不仅仅是科学之峰上最重要的一段攀登，更是对我心灵的一次塑造。我从此变得坚忍，自信，更加成熟，更加幸福！我不是个喜欢沉默的人，但当河北省第二名的成绩被我知晓，清华向我抛出橄榄枝的时候，我却突然默不作声了。因为，我想到了我的高中三年，它的确没有白过。

高中，这个神圣的字眼！

姓　　名：莫兴武

毕业学校：甘肃省陇西县文峰中学

高考成绩：总分648　语文117　数学134　英语128
理综269

院　　系：清华大学机械工程系

梦·清华

其实，到最后，反倒是自己都没想到能上清华……

梦·梦的宣言

记得自己从小就有一个清华梦。

小时候就常听长辈们谈起清华。每当他们谈论清华的时候，我总在他们身边，聆听他们讲述清华园的故事，从庚子赔款到清华学堂，从五四热血到艰难联大。那时候还懵懂无知的我，便暗暗立下了要上清华的志愿。每当长辈们问起我想上哪所大学的时候，我都会响亮地告诉他们两个字——清华！清华梦的种子，从此在我心中埋下。

时光荏苒，转眼间我已经经历了小学和初中。在小学和初中我一直是出类拔萃的，这不禁让我信心满满，我自信一定能够实现自己的梦想。因而，在高一军训前的自我介绍时，我骄傲地向我的同学宣称：我的梦想，是考上清华！

这是梦想的宣言，更是逐梦的开始。

梦·扬帆起航

然而，刚上高中的不适应是我始料未及的。曾以为，高中可以像初中一样，上课略微听一下，下课做一点题就可以了。然而，现实却给了我无情的打击。有一段时间，我真正开始怀疑自己能否轻松度过高中的学习生活，步入理想的殿堂，怀疑自己是否还能够支撑逐梦的脚步继续前行。

但是这种情绪并未持续太久。我开始重新审视自己，重新审视高中的学习生活。

我暗自忖度，高中的学习与初中学习的不同之处在于：初中的知识重在运用，重在从现实中抽象出问题来考查；而高中的知识则是抽象的，重在理论的计算，以研究科学的规律。因而我开始逐步改变我的学习习惯。我不是一个天赋异禀的人，所以我开始刻意加强自己在逻辑思维方面的能力培养。我在课余时间，不再像从前那样在休闲娱乐中度过，而是整天泡在书堆里，阅读自己喜欢的自然科学类书籍，边读边思考，遨游在知识的海洋中，感受知识的乐趣。

就这样，我的学习生活逐渐步入了正轨，我的自信心也得以逐步恢复。我告诉自己，梦想就在前方，只有努力的人才能收获最后的胜利。我向自己宣称：追风少年，扬帆起航的时候到了！

梦·尝试与失败

高中前两年的生活无疑是轻松的。在掌握正确的学习方法之后，我的成绩开始稳定下来，虽然不再像初中那样出类拔萃，但对自己的状态是满意的。我内心充满着自信，我暗下决心，在最关键的一年里发挥自己的最大能量，实现自己的梦想。

我所面临的第一个挑战就是自主招生考试。虽然我所在的高中只是一所普通中学，但信心满满的我自然不愿意放过这个可以更接近梦想的机会。在得知自主招生的消息之后，我立即着手准备材料。我自知作为一个落后地区的学子，和发达地区的学子有着不小的差距，但我相信凭借我自己的努力，可以实现对自我的超越。我开始搜集报名的相关材料，准备考试题目。在炎炎烈日下，在萧瑟秋风中，在寒冷冬夜里，我疯狂地做着准备，一切只为了心中的那个梦想——清华！

然而，最终我还是败了，彻彻底底地失败了。尽管在其他人面前我表现出一副满不在乎的样子，但在我内心深处却总有一个过不去的坎。我不断告诉自己，这只是一次尝试，一次简简单单的尝试，你还有高考，那里才是展现你风采的舞台。但是我不甘心自己那么多天的努力付诸东流，不甘心自己错过一次接近梦想的机会。我是灰心的，但是我并没有绝望，因为我知道，明天又是新的一天！

梦·友情中的坚持

坦诚地讲，在高中能交到一个知心朋友是很难得的，但是我很庆幸，我居然交到了五个知心朋友。每天放学之后，陪我一起回家，陪我一起谈天说地，畅聊人生。最让我难以忘怀的是朋友们给予我的鼓励。

在自招失败之后，有一段时间我一直很不开心，每天都愁眉苦脸的。这并不是我内心脆弱，而是我从小争强好胜，不甘心自己的努力白费。我担忧高考也会像自招一样让努力付诸东流，毕竟，清华是我从小的梦想！这一切，我的朋友们心知肚明，他们用各种方式默默支持我，鼓励我继续逐梦。

还记得那是个早春的夜晚，我的一个朋友陪我上完自习，在回家的路上突然问我："你知道什么是梦想吗？"我顿感语塞："梦想，不就是实现自己的目标么。"他抬起头看着我："我觉得梦想其实不仅仅是实现自己的目标。"他还告诉我，他希望能够成为一名化学老师，尽管这条路很艰苦，尽管他的家人都反对，尽管几乎所有的人都对他的梦想嗤之以鼻，但他从未放弃过，因为那毕竟是他的梦想啊。梦想怎么可以随随便便动摇呢！我顿时感到自己的软弱，遇到挫折就想退缩。是啊，梦想就在那里，坚持了那么多年，我为什么不继续坚持下去呢！

梦·风雨飘摇

全身心地投入到高考备战中确实是不容易的。在刚刚进入高考复习的那几周我还觉得没什么，到后来才发现自己身体有一些吃不消了。我从小身体比较单薄，缺乏体育锻炼，加上我们当地气候寒冷，我患上了严重的感冒，一连一个多月都不能痊愈。虽然我坚持去上课，但每天总是在昏昏沉沉中度过，身体和心理都疲惫到了极点。我的学习状态开始一路下滑，成绩越来越差，开始在课堂上走神，放学后也懒得写作业，当时心情糟糕透顶，和父母老师总是闹别扭，觉得一切都在和自己作对。其实自己内心也是很焦急，压力也越来越大。结果，一连几次模拟考试，成绩一次比一次差。当时总在想，就这样的成绩，清华还有什么希望！

梦想，在风雨中，开始飘摇不定。

梦·亲情中的奋起

当我陷入越考越差，越差心理压力越大，压力越大考得越差的怪圈之后，拯救了我和我的梦想的是母亲。从小我的母亲就不怎么管教我，她总是让我独立寻求解决事情的办法，然而这一次，她用母亲的温暖，融化了我心中的寒冰。

母亲找我进行了彻夜长谈，告诉我说她知道我从小的梦想，也知道我为此付出的努力，但是每一个人都应该清楚，努力不一定可以成功。但是，不能成功又有何妨呢？只要努力了，就不必太在乎最后的结果，太在意最后是否有回报，只会让自己背上沉重的包袱。这时候，不如放下包袱，向前看前方的路，有多少别样的美丽在等待我啊！

于是我开始调整自己的心态，不再在乎考试成绩，而是学着放松自己，不去想将来还会怎样，而是享受自己当下的奋斗。我的母亲每天晚上都在陪伴我，鼓励我。母爱，激励着我，向着自己的梦想，勇敢前进。

梦·决战高考

时间终于流转到了 2013 年的 6 月 7 日，高考的第一天。早上刚起来，心情是有一点点紧张的，但一踏入考场我就松弛下来了。这里，是我展现自己的舞台，是我实现自己梦想的舞台，我这样告诉自己。虽然高考题目是陌生的，但我心里却把它们当成熟识已久的老朋友，用心和他们交流，尽自己的最大努力去享受高考，享受这人生中不可或缺的经历。

高考结束之后，我没有去估分，因为我觉得已经没有必要了，我知道自己已经尽力了，所以最后的结果如何已不再重要。我也没有想过是否考得上清华，但这并不是说我觉得梦想已与我越来越遥远，只是，我不再那么刻意去追寻。只要努力了，梦想，自然有花开的时候。

梦·梦里花开

高考成绩出来的那一天我反倒是平静的。当父母开始欢呼的时候，我并没有太多的激动。我知道，我的梦想，一个在心里发芽滋长了十多年的梦想，终于开出了最美丽的花朵。我在心中暗暗告诉自己，你可以上清华了，从小的梦想实现了，但这仅仅只是一个开始，在你的面前，还有更多的未知等待你去发现。

填报志愿的时候，我没有犹豫，毅然选择了机械工程专业，这也是我的志向之所在我希望能够尽自己所能，振兴我国的制造业。我希望自己能够在大学四年的时光里，汲取更多的知识，为祖国建设贡献出一份自己的力量。

梦想，已然花开，风中摇曳的美丽，召唤着一个新的未来。新的梦想，再次起航！

尾　声

我写这篇文章的时候，已然是深夜了。深夜的清华园，是如此安宁静谧！也许，在这耐人寻味的安宁背后，诉说的是一个个清华学子追逐梦想的故事吧。

姓　　名：田　肖
毕业学校：新疆乌鲁木齐市第一中学
高考成绩：总分611　语文123　数学138　英语141
　　　　　文综209
院　　系：清华大学经济管理学院

无　悔

又一次高考结束了。

我坐在空旷的教室里，翻开了答案册，忐忑到双手微微颤抖。这一幕已经发生过一次，不同的是，这一次我微笑着合起了答案册。

犹如千军万马过独木桥的高考过后，总是几家欢喜几家愁。在7月如愿以偿地拿到清华的录取通知书之后，有很多学弟学妹向我咨询学习方法，也有很多人问我他们要不要复读。对于复读，我给他们的回答总是以一句话开头，也以这句话结束。这句话就是：人生只有一次，复读与否，都不要让未来的你后悔。

在2012年6月7日之前，我从没想过我会复读。三次月考排名都在年级前七，二模更是冲到了全市第一，我很自信地认为清华、北大已是囊中之物。甚至在三模失利总分只有六百整的时候，我都安慰自己这只是黎明前的黑暗。然而正如前辈们所说，高考是真正检验你的时候，你有没有踏踏实实地积累点点滴滴，有没有把知识点烂熟于心，有没有做足够的练习来强化自己的心理素质，只需要两天四场的考试，你就很清晰地明白了。

高考结束后的整整一个月我都在悔恨中度过，度日如年，分分秒秒都是煎熬。后悔为什么当时自己不能坚持练习文综选择；后悔为什么空白了那么多张试卷和练习册；后悔为什么当时那么早就去睡觉；后悔为什么在考场上不能再从容一点；甚至后悔自己当初为什么放弃复旦的保送名额执着去清华……

高中的生活虽然结束了，已经不再需要每天早早起床拿着政治线索表一张一张地背，也不再需要周末把自己关在屋子里解决一堆堆的作业，然而我的心里总是空空的。在那个沉闷的夏天里，沉浸在失败痛苦中的我，根本没有心思像其他同学那样狂欢玩乐。我窝在家里疯狂地看书，一天我翻出很久以前从杂志上截取下来的一篇文章《高四，只不过是从头再来》。作者在第一年以考不上北京任何一所好大学的分数惨败在高考的考场，于是回到高四从头再来，终于进入魂牵梦绕的北京大学。我和作者第一年的考分一模一样，我告诉自己：我也可以。每个人总要有一个被原谅的机会，只一年，可以让我的人生改变很多，可以让我在不同的校园遇到不同的人，为什么不再试一次呢？人生只有一次，我绝不能让自己后悔。看着房间里没有整理的一摞摞书和练习册，我决定昂首再次走入这个战场。

联系好复读的学校之后，我并没有立刻开始暑假的补课。那一个月，家人带着我去各地散心、放松，为未来的战役积蓄能量。当我站在清华东门大门口时，我多么希望我的书包里装着那份淡紫色的通知书，可以自信地从美丽的银杏树、优雅的法桐、肃穆的古柏下穿过，清华的一草一木、一瓦一石都那样深深地吸引着我。

从那时起，美轮美奂的伟伦舜德楼、古朴精致的红色西区、整洁诗意的紫荆生活区刻在了我的脑海。从此我只有一个信念：我要考上清华。

回家之后我整理了高三留下来的学习资料，把各科试卷、习题册、讲义、笔记分类，并制订了9月到第二年5月的复习大纲。清华之旅重建了我的信心，让我斗志昂扬。我在心里告诉自己：过去的事情就让它过去，我要原谅自己，但是绝对不会再让自己后悔，所以这一年我要绝对地专注。开学之前，我去营业厅注销了手机号码，把人人网账号停用，把QQ空间关闭，保证自己安静地学习，不会被外界打扰。

9月1号，我又回到了校园，高考后我曾做梦都想的时光倒流真的发生了。来到陌生的学校，面对学弟学妹和陌生的老师，多多少少还是会有一些对未知的担忧。好在同学和老师都很理解我，给了我很多鼓励，很多支持，让我少了很多焦虑情绪。

每一个周末我都会制订出下一周的详细学习计划，每一天按照计划的内容学习。高四的学习可以说是无孔不入，忙碌到“丧心病狂”。早上从家里步行去学校，路上一边快走一边跟着新概念的听力背原文。回家路上拽着同路的同学一起背诵诗词文言文。早读时和前桌的同学一起大声地背政治历史线索表。四级辅导书、课本、报纸、阅读文章……只要见到不认识的单词我也会把它记在一个小本子上，在去水房、食堂的路上、在排队等待的时候我都会拿出来看几眼。甚至在吃饭的时候我都会拿出随身记的小本子看地理，而午休的那半个小时我也会利用起来自测一套文综选择题。零碎的时间基本上都是在做作业和整理错题，这一年结束时，我的数学好题、错题记了厚厚一本，将近两百页；英语零碎知识点记满了三个小本子；文综笔记、线索表、错题好题知识点记了整整五个活页笔记本。学校对高三抓得很严，每周都有三次全年级统一考试，各科老师安排的考试更是数不胜数。我还记得最夸张的一次是周五只上了一节课，其余的时间都在考试，加上自习总共考了五场。周六日我还会按照高考时间的高考模式给自己一次完整的自测考试。我体验了从未有过的充实生活，这种感觉很好。每天看到待办事项的表格中打了满满的对勾会非常开心，我再也不觉得生活有多苦，当你把学习融入生活之中，把学习当作一种习惯，你会觉得快乐非凡。

在大课间时，我会听着歌跑八百米，锻炼身体，放松大脑，毕竟健康的身体才能在强压下支撑你走得更远。跑完步回到教室，有时会收到好朋友们从远方寄来的信和明信片。五道口的生活永远是那么多姿多彩，东门外有精致的小店，嘈杂的地铁站边有好吃的鸡排，麻雀瓦舍在好远好远的地方，阿甘告诉我她会等我，明年我们一起去各种好玩的地方。他们用这些载着爱意与鼓励的小卡片给了我坚持下去的理由。

我是压力一大就容易过敏的体质，然而在高四，就连秋冬春换季时我也没有过敏。我想这除了和锻炼身体提高免疫力有关，心态平稳、及时释放压力也是必要的因素。复读的学生往往会面临很多心理问题，比如害怕会受到歧视，比如会更加害怕考试出问题，他们的压力比应届生更大。压力能给一个人动力，也能把一个人压垮。一模之前我的数学遇到瓶颈，做题做到想掉眼泪，于是我扔下笔，戴着耳机出门，在冬日的阳光里没有目的地沿着马路一直走下去，一直走到微微发汗，回到家倒头就睡。第二天开始只做错题集上的题，一个星期之后就找回了数学的感觉。有人羡慕我说我心态真的特别好，如果换作他肯定笑不出来。其实之前的我心态很不平稳，患得患失。选择复读之后，我决定改变这种心态，大不了脸皮厚一点。同学们问我复读的原因，我从不避讳，甚至会用调侃的语气自嘲一下。有时考试分数会比同学的低，有时排名甚至到了三十几，我看到了也许会难过一下，但仅仅是一下，之后我就会无视那个数字，开始整理错题。渐渐地，我不再在意那些表面上的东西，不再浮躁，并学会了时常反省自己。学会静下心来，变得更加成熟更加沉稳，这是我复读最大的收获。我想，所谓心态好，就表现在知道自己要什么，却又不怕过程的失败吧。当你一步一个脚印地走过，是不会惧怕路上的磕磕绊绊。

平淡充实的时光总是过得飞快，对上一次高考的记忆还没淡化，我又走入了熟悉的考场。只不过这一次我成竹在胸。虽然最后的分数没有月考模考的高，但我觉得能够进入自己梦想的大学，能够读自己喜爱的专业，这已经足够圆满了。

当时很多人劝我不要复读。他们说复读失败的例子太多，很多人复读后的成绩比之前的还低；他们说复读还不如以后去考研；他们说大学都是一样的，重要的是你自己的能力……而我选择听从自己内心的声音，它让我放手一搏，它说你不会后悔。我们每个人都能拥有一个强大的内心，它会不辞辛苦地支持着你。

此刻，我被清华的浓浓秋意包裹着，落叶纷飞，路边一丛丛的月季还未凋谢，四处都是绝妙的景色，冷风都无法压抑我满腔充溢着的幸福。

愿你的青春无悔。

姓　　名：刘书田

毕业学校：山东省济宁市第一中学

高考成绩：总分686　语文132　数学124　英语132

文综201　基本能力52　自主招生加分45

院　　系：清华大学新闻与传播学院

你若盛开，清风自来

机遇从来都是留给有准备的人，正如清晨的第一缕微光总是投射在早起的人的面庞。回顾我的高中生活，它开始于我人生节点的第一个辉煌之峰，随之跌入深深的低谷。但我始终向上攀爬着，伸展着，直到登上一个又一个小小的成功之脊，绽放出瞬息的荣光。在途中，虽有迷茫、失落、彷徨，但我始终坚信着，你若盛开，清风自来，我不能选择最好的，我用努力等待最好的选择。

一、破土而出，摸索高中的学习方法

以状元的身份进入市重点高中，自然是一腔凌云壮志，信誓旦旦地在日记本里写下“何人不起燕园情”的豪言壮语，结果在第一次的期中考试中就被狠狠地打击了一番。我想我永远都不能忘记那个时刻，当广播里表扬全校前十名的优秀学生时，没有我的名字。面子上的虚荣让我难堪，而更重要的是，如果连前十都保不住，梦会是多么遥远甚至难以企及。

内心对梦想的渴望给了我方向，而周边亲友的帮助给了我力量。拿着惨不忍睹的卷子，我开始找各科老师去分析，或讲评试卷的问题，或交流学习生活的困惑，或聆听老师的建议与教诲。有时，打满红叉的试卷比一张满分的试卷更有价值。高中阶段，每个人都会遇到自己的低谷期，或长或短，不过请一定要记得汪国真那句“既然选择了远方，便只顾风雨兼程”。无论是刚入学时的彷徨，还是冲刺高考时的辛苦，没有什么值不值得，只有愿不愿意。只要你的答案是肯定的，便会等到属于你的机遇。

开始学着不去在意别人的看法，实际上，我们所谓的虚荣与面子，都只是心理学上的焦点效应。你的好与坏，成与败，终究是你自己看得最重，终究和你最息息相关。当抛弃这些杂念的时候，物理中的受力分析也没那么复杂了，化学方程式也没那么难记了，就连最头痛的数学也不是全然的手足无措。每天都会给自己定个小目标，不去看自己哪些还没有做好，只需要看自己已经做了哪些。这样日积月累，收获满满。

然而期末时的成绩却并不是预想的那样，甚至比期中还要糟糕。那一个假期，我没有像以往一样出去 high，而是宅在家里。我想不明白付出努力为什么没有回报，想不明白症结出现在哪儿。人闷久了需要去外面透透气，生理上是这样，心理上亦是如此。打开了关闭多日的手机，看到了好朋友们发来的短信。“努力之后会有回报的，可能它反射弧太长有些延迟啦。但是，总是会有的。相信自己，加油！”这条略带有学术意味的短信打动了我，我又想到了楚庄王“三年不飞，一飞冲天；三年不鸣，一鸣惊人”的典故，“哪怕只有最后一次的辉煌，三年的默默无闻，我认了。”我对自己这样许诺。

但这个诺言很快被打破了。高一下学期的期中考试，全校第二名。老师们激动地找我谈话，鼓励我继续努力，让我冲击第一名；同学们也说我终于找到状态了，鼓励我祝我早日回归第一名的宝座；亲人朋友们也长舒了一口气，他们知道这段时日我是如何熬过来的。不过，我心头只是稍稍涌起小小的波澜，便回归了平静。

虽然仅仅是第二，但名次于我而言不再是外在的荣誉，而是对我付出努力的肯定。后来我才意识到，名次很多时候都是有偶然性的，但只要肯努力，方法正确，就是在为高考夯实最牢固的基础。

二、生根发芽，在人生的第一道岔口选对了方向

文理科从来都不是一种简单的兴趣选择，更是一种艰难的人生抉择，尤其是对于不太偏科的学生来说。高二分文理科时，我才意识到这句话的分量。

重理轻文早就成为一种风气，学文风气差、就业面窄、考试不易拿高分、竞争压力更大……理科老师们的苦苦相劝，身边亲友的好心忠告，使本来对理科不太感冒的我真的犹豫了。虽然我不得不说自己并不聪明，在数理化课堂上从来都不是活跃分子，难题常常靠步骤准确得分，只是按部就班地好好学习和做题而已。总之，学理我真的没有太多兴趣，更无优势可言。但考虑到学校每年都会出理科的清华北大生，而文科生考上清华北大的希望渺茫的大环境，

我还是在填报分科志愿的表上写下了小小的两个字——理科。

可当我交完表格准备离开学校的时候，命运巧合，我碰到了最喜欢的地理老师。那是一次长谈，他没有评判学理究竟是不是最明智的选择，只是问我，你的梦想是什么？你希望未来的你是什么模样？你觉得究竟高中打下什么样的基础，才能对你的梦想实现更有帮助？

沉浸在学海里太久，反而忘了学习的初衷了。难道只是为了高分和名次吗？也许这是浅层次的。只是为了理想的名牌大学？这也不是终点。高考只是一个跳板，较满意的成绩只能说可以给我们一个更高的平台，去展示自我、充实自我，更加靠近人生的梦想。对当时的我而言，北大中文系，是外公的遗愿，也是我的向往。我希望未来的自己更多地和人打交道，和文字打交道；不喜欢理工科高端却枯燥的程序化生活，我渴望每天都是新的，诗意地栖居在这片热土上。何必去过分强调环境呢？人的成功更多地取决于主观能动性吧。

想通后，飞速跑回去，划去原来的字迹，写下了大大的“文科”二字，如释重负。

对于自己喜欢的科目，学起来是很轻松的，我又如鱼得水般地重回到了第一名的宝座。文科的学习较灵活，给了我涉猎更多书籍的机会，也让我得以参加各种写作和英文演讲的比赛并屡获佳绩，还忙里偷闲学习了扬琴，生活从容不迫，有滋有味。而与此同时，当初许多学理的同学因无法适应理科的节奏，在干瘪的一摞摞习题卷里挣扎，名次一落千丈后纷纷“理转文”。如果当时我也执拗着背离自己的所长所爱，也许是一样的痛苦。所以，对文理的取舍，遵从内心的选择吧。不管外界的学习环境如何，只要你心中有明确的目标，只要你有源源不断的热爱，你就能走出自己的路，靠近成功的彼岸。

三、开花结果，痛并快乐着的满满收获

回首高三踏过的路，不是一马平川，而是曲径通幽。高三第一天，我对自己说，哪怕这是最煎熬的一段时光，我也要把它过得诗意盎然，充实精彩。

有人说，高三的日子要学会坐一年的冷板凳，埋头苦读。而我的高三恰恰是在各处奔波，艺术特长生和自招的考试贯穿了忙碌的准高考生活。

艺术特长生的考试是由一时的肾上腺激素分泌过多冒出的想法。虽然我的成绩还算理想，但距离清华北大也有一定的距离。面对山东极高的录取分数线和极低的录取率、庞大的50万考生大军和零星的招生名额，我不得不去想更宽的道路，为煌煌上庠做好双保险。之前有学姐参加过北大的艺术特长生考试，加分条件很是优厚。心想既然我有些乐器的基础，那为何不去尝试呢？

我是说干就干的性格，热血劲儿一上来就停不住。父母、老师都支持我去尝试，但前提是不能过多地耽误学习。虽然最后还是受到了一些影响，但这些经历丰富了我的人生，让我的高三那么与众不同。

投寄各种报名表，准备各种获奖证书与视频资料，这些无不是烦琐的心细活儿。在这个过程里，爸妈也花费了大量心血。由于

我只想去北京上学，便把特长考试的学校锁定在了北京。北大、清华、人大、北师大、北科大、外经贸，凡是招扬琴与主持的心仪学校纷纷投寄了资料等候初审。

功夫不负有心人，翔实的报名资料让我如愿通过了每个学校的初审。最后一关就是1月份赴京赶考。为了准备考试，每周末我都不能参加学校里的测验，而是要去北京找更专业的老师去学习；每天不能上晚自习，而是要在家里练琴。高强度的训练使得水平确实提高许多，然而自信满满地去考试时才发现竞争如此激烈，并且高手如林。

当时也正值艺考，看到美术生们背着画架画笔，又看到爸妈帮我拖着巨沉的扬琴，我们一起走在大雪纷飞的时节里，穿越拥挤的地铁、热闹的校园、嘈杂的人群，真正感受到：世上是没有捷径的，每条路都有独特的风景，每道风景背后，都有难言的苦衷与付出。

有自知之明的我没对结果报太多奢望，只有北科大一所学校抛来了橄榄枝。尽管这和我最初的想法有些落差，但它却抚慰了我的内心。高考是命运的大洗牌，学校里那些有实力冲击清华北大的学长学姐并不全能如愿，反而会因为压力过大，最终去了所平庸的大学。而有了这所"211"学校的保障，我不再惧怕每次模拟考成绩的起起落落，但我知道自己不能停滞不前，因为更远大的目标时刻警醒着我做最后的冲刺。

高三的打击也是一串数不完的念珠，艺特失利，自招也不那么遂人意。精心准备的自荐材料，将它编排整理、设计封面、装订成册，我一向是不熬夜的，但那段时间，每天都是深夜一两点还在忙碌着。但希望和失望有时是成正比的，没有通过北大自招的初审，看到“未通过”三字时，泪水迸涌而出，被自己心仪已久的大学拒绝，像是梦的花瓶被推倒摔得粉碎，扎进心头着实疼痛。并且，这意味着我连去尝试的机会都没有了，考上北大的希望又涂上了渺茫的阴影。可就当我万念俱灰之际，清华给了我惊喜——我通过了清华大学新百年计划之拔尖计划。至今我仍感谢这个惊喜，它给了我全新的机遇与挑战，改变了我的人生选择与人生轨迹。

作为一个文科生，我从来没有想过自己会和这所中国的顶尖学府有什么交集。刻板印象里，总以为清华是强大的工科学校。但在之后的接触里，我了解了它文科的辉煌曾经和如今的蓬勃兴起，我渐渐爱上了这个园子。水木清华，是值得托付大学四年的理想学习圣地。

自招的笔试和高考风格大不相同，加之今年自招改革，一批及早做准备的同学都偏离了方向。作为过来人，我觉得自招尽管难于高考，但也不是完全脱离高考，应在高考的基础上拓宽知识面，自招才能游刃有余。面试更是靠平时的积累与锻炼，关乎个人追求、时事热点分析、专业基本素养等多方面的考核，这些都是难以突击的。展现最真实的你，才是面试老师们想看到的结果。

贯穿我高三的一个关键词，是等待。每一个环节都要经历半个月的等待，这段时间极大地考验了我的心理承受力。心里的石头放不下，又有许多的学习任务等待着自己。这时，淡化宏远目标，着眼于做好每件学习上的小事，才会有种踏实的心安。

历经各种考验后，最终我获得了清华 45 分的加分。这在学校引起了不小的轰动，很多人甚至提前祝我考入清华。但在微笑表示感谢之后，我冷静地告诉自己：一切都还未结束；行百里者半九十，大胆去闯，实现完美的落幕吧。

再度回想高三最后的日子，一模全市第一，二三模险些滑出班里前十，大起大落的考试成绩，却不再如此惊扰我的心智。因为之前已经经历了大喜大悲，所以才能达观地看待每次的结果。每个人都是如此，纵然高中生涯起起伏伏，坎坎坷坷，但只要你坚定地向前看，不懈地进行调整与努力，等待你的会是你想要的，煌煌上庠。

如今，我已成为清华园里的一份子，如盛开的花终被清华园里清新的风轻抚。清华人行胜于言的学风深深地感染了我，“自强不息，厚德载物”的校训激励着我不停息逐梦的脚步。尽管没有进入北大中文系延续外公的梦想，但我找到了自己的方向，我更愿意从书本里慢慢走出，投身现实，做“铁肩担道义，妙手著文章”的新闻人，做这个社会的瞭望者，发出中国好声音。

尽管，在清华园里随处可见各路“学霸”牛人，但我不盲目攀比，依旧坚守自己的梦想，坚持做独特的自己。不必忧虑太多竞争压力，不必在意周遭的顺心或不如意。因为，只要你努力了，机会会垂青于你；只要你一天天变得优秀，量变会引起质的飞跃，这是颠扑不破的真理。

又是一年风起时，我想起了那句陪伴我三年的话语——你若盛开，清风自来。

DENGNI ZAI QINGHUA

第三章　技巧篇

掌握方法　各个击破

兴趣、积累、冲刺、迎战这四个关键词概括了我关于文综学习的心得体会。最后我想强调的一点，是实践是检验真理的唯一途径。任何理论性的指导都只能在实践中展现效能，期待学弟学妹们能在高中的学习中不断领悟并找到适合自己的学习方法，找到属于自己的一条通向清华、北大等名校的道路！

姓　　名：苏　玥

毕业学校：江苏省苏州中学

高考成绩：总分401　语文132　数学162　英语102

物理A+　化学A+　加分5

院　　系：清华大学建筑学院

善文之论

我不是一个从小就写作很好的才女，可以说高中以前的写作都如同挤牙膏般困难；语文成绩也很一般。最差的一次是高二期末的全市统考——92 分，作文 40 分，班级倒数第三。由此我深刻地意识到不能再放任语文不管了，尤其是作文。在我后来的努力下，最终在高三的一模、二模都保持作文在 60 分以上，高考总分 132 分，在全苏州市名列前茅，估计作文在 65 分以上。如何完成这个逆袭？我愿意把我的经验倾囊相告。

鉴于目前高考作文大多是议论文，我先谈一谈写议论文的方法。

一、厚积而薄发

对于写作，没有什么比积累更重要。相信不止一个老师督促过学生看书。说实话我高中三年一本“正经书”都没读完，但是积累何必非要靠书呢？记得我的高一第一节语文课，老师就告诉我们学语文的秘诀：爱美、多情、好奇、热爱生活。其实生活中的素材无处不在，哪里都能积累素材。我回忆了一下我在高考作文中用到的部分议论文素材及其来源：

贝克汉姆退役——时事新闻。

钱钟书的一句名言——我考前在复习资料上看到的。

陆羽的诗《六羡歌》——我在一首古风歌曲《风华录》里听到的。

《史记·屈原列传》的部分段落——老师要求我们背诵的课本内容。

愿得一心人，白首不相离——因《甄嬛传》而走红的一句诗。

梭罗、沈从文等被我在排比举例段中一笔带过的例子——各种道听途说，或从别人的优秀作文中看到的。

这些材料来自各种地方，无论你是刷微博、听歌、看电视、看报纸、读杂志，都可以有意无意地找到可用的素材。发现素材后，可以把它记录下来，日后再用。

但是我还想说下面几个素材密集地。

1. 语文试卷：做题的过程本身也是积累的过程

做古文翻译时可以遇到可用的事例、句子。比如我很喜欢的一个句子："然而松柏后凋于岁寒，鸡鸣不已于风雨，彼众昏之日，固未尝无独醒之人也？"出自顾炎武《廉耻》，是我在做模拟卷时看到的。若用在自己的文章中，不仅显示出你满腹才气，而且文势大增，激情澎湃。

阅读中的很多散文都有可取之处，要学它的语言和内容。比如陈蔚文的《溯水而上——夜读〈诗经〉》（读者可自行查阅），文章语言优美，有诗意，内容有深度有广度，可用于很多话题，如：对文化的理解、对经典的传承、细微之美、平凡中的大道等。有时候我会在看完一篇佳作后仿照它的风格自己写一篇考场作文，当作练笔。

许多作文题本身就是素材，这些素材不但新颖别致，而且往往可适用于多角度、多方面。如 2007 年北京考题：刘长卿的诗句“细雨湿衣看不见，闲花落地听无声”；2011 年上海考题：一切都会过去、一切都不会过去。

2. 他人的高分作文

看他人的文章时，要看他和你的文章有何不同。除了积累名句、例子。也要学习语言、构思、层次。每一篇高分作文都有你可学的地方。

如我读 2005 年江苏高分作文《善始之论》（当年主题是凤头猪肚豹尾，文章读者可自行查阅）。此文以古文写作，比较小众，又说理颇多，语言难以学习，但仍有可取之处。我的高考作文采用了和它类似的结尾。它的结尾是：“愿斯志之永固兮，乐终古而未央！”我查了这句话的出处，是曹植《铜雀台赋》，原句为：“愿斯台之永固兮，乐终古而未央！”（后半句是说快乐将延续千年不绝）而我写的结尾是：“愿斯志之永固兮，静终古而未央！”这个句式只需稍改两个字就可以适用于许多不同主题，不仅有诗意而且豪迈有气魄，可谓万能金句。但万能金句如何拾得？其实考前我和一些同学都欣赏了这篇文章，也许他们只是感叹了一下作者扎实的古文功底，就弃之不顾，而我耐心地看完了这篇作文，并查阅了其中典故、诗句的出处，因此我得以把这个句子收为己用。

由此看来，积累的过程要有耐心，要关注细节，不放过任何可以学习、借鉴的地方。同样的，我也正是本着锱铢必较的心态，才会想要查歌词、电视剧中诗句的出处。

二、苗言

白居易言著文：根情、苗言、华（花）声、实义。优美的语言可以弥补、粉饰许多硬伤，如立意较偏、举例不当、结构混乱。

1. 华

我的老师说作文有三境界：朴 1、华、朴 2；或者说：简 1、繁、简 2。在这个螺旋式前进的世界里，朴 2 是一种清丽脱俗的表达方式，简洁流畅，多见于乡土题材，优于华丽的措辞，更优于朴 1 那种小学生作文的单纯无知的尘土气。有的同学可以做到朴 2，但我还是推荐写“华”。也许不是每个老师都能立刻识别朴 1 和朴 2 的区别，但华美的语言如烈酒、似强光，总不会被老师忽视。

举一例，2007 年山东卷《永远令人陶醉的王朝》是我见过最华丽的高考作文，没有之一，第二段甚至押韵，做到了“华声”（受篇幅所限，读者可自行查阅原文）。全文立意毫不出众，思想较浅，过于华丽，有堆砌之嫌，像用珠宝淹没了一个瘦小的人，但它的缺点都被语言掩盖了。此处有珠宝，你不妨拾取些，多读多背，以留作己用。

这里的华丽指多用诗句、比喻、排比，化抽象为具体，或化具体为抽象。记叙文比较容易做到，但议论文一样可以华丽，比如以下两种表述：

面对多难的生活，我们要持有乐观的态度，积极抗争，无论有多坎坷，也要坚定信念，勇往直前。

若我们能把生活这颗酸涩的柠檬切片榨汁，以微笑为蜂蜜，以乐观为砂糖，以阳光做点缀，那么这一杯柠檬水，哪怕原本再酸涩，我们也可欣然饮下。

同样的意思，前者干瘪无聊，后者生动丰满。如果我们能把说理都用诗化或俏皮的语言表述，议论文也能意趣横生。

2. 善问

用疑问句或反问句会引发读者思索，也可引出下文，或留下余韵，重要的是能为平实的议论语言增色，好像走在康庄大道上突然有坑洼或小丘，使原本单调的旅途变得有趣。（可参见《拒绝平庸》，2011 年江苏高考满分作文）

还有一种使用问句的方法，是我自己常用的，即在写最后一个论点时用两三个长问句结束。这几个问句类似排比，一层进一层，内容常常是批评时下的奇怪现象，简要提出改善的做法。这种问法如果写得好，不仅能收到振聋发聩、发人深省，使读者热血沸腾的效果，而且使文章达到全文高潮。

三、标题

我一模和高考时都是以诗为题，或改写诗的一两个字，这种方法最好。用老师的话来说，以诗为题直接加 5 分。

有一些适用性比较广的诗：

水穷之处待云起。

细雨湿衣看不见，闲花落地听无声。

何妨吟啸且徐行。（可把“吟啸”改换成“击掌”等，视作文要求而定）

当然大部分诗的适用性窄，如能用一些很恰当准确的诗为题，那最好不过。如我们当时二模作文给出的材料是：耶鲁毕业生秦玥飞当村官，被人质疑、嘲笑。我们班一个同学的题目是“猜意鹓雏竟未休”。这个题目既贴切又俏皮，七个字揭示了文章主旨，可谓最佳标题，但这是建立在大量积累之上的，如没有背李商隐的《安定城楼》，没有理解诗意，怎么可能写出这样的标题？

四、凤头

由头式的开头最讨巧。一般我的标题就是从由头提炼出来的。所谓由头，就是用和主题相关的素材开头，我觉得以热点新闻最佳，再者如人、事、物、诗句、名言。举个例子，2011年江苏高考满分作文：拒绝平庸——风沙渡，以店名引出下文。

对于材料作文，不用再概括材料了，只需点几个材料中的意象，简要说明由头和材料之间的相似之处。这种开头引人入胜，生动丰富。但开头不可太长。

举几个适用面很广的标题或由头：

纪伯伦《朝露里的光明》：千百年来我仅仅做一颗朝露／你知否，千百年的光明不都在你的圆周里闪耀吗？

纪伯伦的《沙与沫》中也有不少富有哲理的诗句，意义深刻，又适用于很多话题。

有两个相对的意向的标题或由头一般都很好用：

心有猛虎，细嗅蔷薇。——萨松

蒲苇与磐石。（出自《孔雀东南飞》，适用于变通和坚守、柔与刚等）

五、豹尾

简洁为好，不可太长。点题，或慷慨激昂，或余韵无穷。我常用的一种形式是以改编名言结尾。举几个万能金句：

愿斯志之永固兮，× 终古而未央！

司汤达曾说：活过、爱过、写过。而我要说：× × 过。（如：变通过、反省过，据主题而变）

但更多的佳句要靠自己积累，大部分句子只可适用于有限的主题。

还有一种方法适用于想不出佳句的情况，那就是创设一个情景，像拍电影一样。如：前文讲述苦难对于磨炼人生的意义，结尾这样写："罢了，这一杯苦丁茶，我且饮下。"再如改写自陈蔚文《溯水而上——夜读〈诗经〉》的结尾：前文讲中国古典文化始终影响世人，结尾这样写："四书五经，是铺陈的香火，是清静的素食。沿着《蒹葭》中的水路溯流而上，如同被沿岸庙宇中缭绕的香烟之气深深地抚摸。"

最后，再次使用标题或由头。如我的一模作文，题为《水穷之处待云起》，结尾是"……行到水穷处，坐看云起时，好一派绝妙的风光"。

六、排比举例

即连举三个例子，构成排比。这要求学生对关于这个主题的例子储备较多。这个结构最好自成一段，放在文章中后部分，增强语势，显示出深厚的积累，可有效增分。

七、进击的第三论点

通常我写三个论点，一个论点一段。第一论点是为什么，如：为什么苦难可使人进步；第二论点是怎么样，满足什么条件，如：唯有乐观的人可以化坎坷为动力；第三论点是作愤青状，抨击当代社会或当代青年，如：当代人缺乏挫折教育。

文似看山不喜平。尤其是议论文，易沦落为平庸之流。前文是一马平川，顺流而下，平坦如常，如何使文势陡增，进入高潮，点燃读者的热血呢？这第三论点尤为重要。谁的内心深处没有点愤世嫉俗的想法呢？如能剖析社会现象，指出毒瘤所在，开出一剂良药，那就会使文章更上一层楼。不仅使立意更深刻，展示你的忧国之思，而且这种热血的沸腾会延续到老师给你打分的时刻，能有效提高分数。

但是单纯地在内容上联系现实还不足以带来激情，语言表达也至关重要。前文是诗意的、典雅的、平淡的，第三论点一段应该是有时代感的、激进的、呐喊的。人评苏轼之文“爽如哀梨，快如并剪”，本段也最好要达到那个程度。要做到句意连贯流畅，多说现象少说理，多用排比、比喻、反问、疑问句。我常用多个问句结束本段。

如何从第二论点过渡到第三论点？老师曾给我们一个万能金句：既罢牢骚须自省，此间风气然来无？即从对前人的分析过渡到对现今的反思。用闵老师的话来说：写到这个句子就加 5 分。

我也积累过一个类似的句子：然而，承平日久，何苦之有？用时可以把“何苦之有”改换。

后来又有老师给出一个相关但不类似的句子：牢骚太盛防肠断，风物长宜放眼量（毛泽东）。但这个句子用于从牢骚到展望未来过渡，也许可用于从第三论点到结尾，不如上面那些有深度。

因此我给出一种我常用的议论文结构：

段 1 由头式开头

段 2 简要叙述主旨

段 3 为什么（长）

段 4 怎么样（长）

段 5 排比举例

段 6 联系现实（长）

段 7 结尾

八、字是硬伤

如果说佳作是“白富美”，那么“富”的是素材，“美”的是语言，“白”的就是卷面了。卷面的清爽离不开清晰的字。字不求有美感，但要横平竖直，少连笔，写大一点；用 0.5mm 的中性笔，别用

0.38mm 的细笔；少涂改。

以上是我对议论文的看法。对于其他文体，我有以下看法：

1. 记叙文

虽然老师都说能写记叙文就尽量写记叙文，记叙文能得高分，但我依据实践经验不同意这种看法。高分段作文以议论文为多。有因为写议论文自成一体而常年拿高分的同学，没见过写记叙文常年拿高分的人，反而有因为写记叙文偏题而在高考中发挥失常的同学。如今材料作文盛行，议论文的优势更加明显。

在是否扣题上，如果说作文是块布，命题作文只是一个点，而材料作文是几个点，布覆盖到大多数点才算扣题。记叙文情节、人物是既定的，布的形状大小在起笔时已定，而议论文可在框架内自由调配论点的内容，布的形状可以更改，如写到一半觉得偏题，可以往回拉，挽狂澜于既倒。

记叙文的主旨是朦胧的，隐晦的。同样的立意，如果有点偏，议论文不算偏题，而记叙文就是偏题，毕竟翻译这个主题还要拐个弯，给老师的感觉就是偏了。

在表达上，记叙文没文采没细节就像小学作文，而议论文没文采可以用精准的选例、深刻的思考来弥补，不需要细节。

我以前也积累优秀的故事，为写记叙文准备，但不如收集的议论文素材多。素材适用性也低，涵盖不到所有的点。有时可以写出高分，但要靠运气，要碰到能有感而发的题目，记叙文不如议论文考实力。

2. 小说

小说和记叙文一样对灵感的依赖性大，但灵感一旦来了，挡也挡不住。成者为王，败者如同小学生作文。举一个成功的例子：主题“真与假”，我班有一个同学写的是明星和替身演员之间的对话，各有心酸。扣题之准令人叹服。

有的人背了很多素材，但抱怨说考试时想不起来用。学以致用，掌握素材的最好方法就是自己写一篇作文。可以把相关素材都准备好，找一个恰当的题目，按考场作文的要求写。自己练习的时候也要写慢一点，把字写好。一周练一篇差不多。

以上只是个人见解，总结出属于自己的好方法才是取得高分的必由之路。君姑妄看之，姑妄信之，如不赞同，一笑了之。

姓　　名：刘　畅

毕业学校：黑龙江省大庆市实验中学

高考成绩：总分642　语文130　数学126　英语136
　　　　　文综250

院　　系：清华大学人文学院外文系

我的文综学习心得

清华在我心中一直那么神圣，神圣得让我觉得自己太过平庸，平庸得无法踏入这样的学术圣地。而现在，作为清华大学的一名学生，我想说，只要付出努力，用心去学习，我们就会变得优秀，清华就不再是可望而不可即的梦想。

我并不是个聪明的学生，在学习方面总是比别人慢半拍，但最后的高考成绩还是比较理想的。现在想来，我能考上清华大学靠的就是坚持不懈的努力和正确的学习方法。

文综对于文科生来讲是至关重要的一科，很多同学的分数就是因为文综一科拉开的。根据我个人经验，文综不仅是凭上课认真听讲、课后背书就能拿高分的，文综的学习也需要技巧，而且现在的文综题出得很灵活，没有开阔的思维是答不好的。

在文综训练题的选题方面，首选当然是各省历年的高考真题，其次是近几年的模拟题，因为这些题无论是在选题还是在答案的制作上质量都很高，问题和答案的风格都很符合高考的导向，大部分答案也经得起推敲。其他的练习册我个人认为里面可能会有一些好题，但有很多题都没有高考题那么新颖，参考价值没有真题大。

现在的文综选择题出得很灵活，有很多题都是给出材料考查我们对材料的分析学习能力。此时不可先入为主，生搬硬套书上知识作答，而是要顺着材料的思路，有时甚至会出现和教材不太相符的结论，这并不能代表我们的思路是错误的。

答题时对于答文综的非选择题，有个很有效的方法就是看分答题，比如 10 分的题基本上会有 5 个采分点，少于 5 个说明自己答得一定不全，但也不是答得越多越好，答得太多会减少答其他题的时间，所以如果是 5 个采分点可以先写 6 个最重要的（多写一个备用），其余不太重要的可以等到答完卷之后写。答题时要条理分明，层次清晰，重要的观点写在前面，次要的观点写在后面，答案要序号化，这样看起来比较一目了然。同时，答题语言要用专业术语，答案是否规范，是否接近标准答案，能否用科学的术语、书面语言进行知识迁移、无缝对接，关系到我们能否得高分。所以就要认真理解、记忆课本规范语言。

我学习文综的时候每科都会准备一个改错本，将自己做错的并觉得很有价值的题剪下来贴到本上，写出错误原因、正确的分析方法和正确答案，还会把一些相似却答案不同的题进行对比，这样对知识的理解就会更深入。下面我分别说说政治、历史、地理三科的学习方法。

首先说政治这门科目。在平时的学习中，做问答题时要将一些经常出现但老师又没归纳过的问题记在本上或书上，然后背下来，以后遇到类似的问题才有语言可组织。另外要养成看报纸的好习惯，要保持对时事的敏感性，了解国家的大政方针和时事热点，这些往往都是试题的来源。

在高三复习政治时我们先复习的是教材。开始的时候，每个单元我都做一个知识结构图，以各个考点之间的联系为线索，将整个单元都串起来。等复习完整本书之后，我又做了整本书的知识网络图，这样就能很好地掌握知识点之间的关联，而且可以从宏观上把握教材。我还针对自己薄弱的非客观题，按照热点归纳了几个专题，有“物价”“消费”“企业的经营”“合理有序的分配秩序”“食品安全”“贸易保护”“农业”“社会主义民主政治”“民族”“教育”“十七届六中全会”等专题。每个专题都先把教材上相关的知识点整理下来，然后再总结一下这个专题都容易从哪些角度出题，之后每当做到有关这些专题的比较好的题时我都会把题和答案剪下来贴到这个专题的位置，分析相同专题的不同问题组织答案的角度，经过对比就更容易把握这些问题的答法。

在做政治非选择题时，读题时要仔细读材料，材料会提示我们答题的角度，答案一定要在材料中找到依据，切记不可抛开材料空谈。在回答问题时也要结合材料。此外，还要知道一些政治问题的答题模板，比如说明类问题、依据类问题、措施类问题、原因类问题、意义类问题、启示类问题、评价类问题等，这些问题的答题步骤都需要明晰。

在高考之前我还把“两会”文件及中央一号文件打印出来，仔细阅读，用课本所学的知识进行分析，找出其中的重点，在做题的时候也会格外留心关于这些文件的题，重点分析。

其次是历史学习方法。在高三复习的时候，如学习政治一样，每学习一个单元我都会列一个本单元的知识结构图，总结本单元的重点知识之间的关联。在学完一本书之后也会列一个整本书的知识网络图，这样就能更好地掌握书中知识而不是简单地机械记忆。因为黑龙江省学的历史教材是专题史，所以我对通史的掌握就不是很好，之后我借来了按通史讲的旧教材，自己看完之后也会将每个时代总结一个知识结构图，并分别从政治、经济、文化角度用一句话概括当时的时代背景。这样系统地总结过后，头脑中就会形成完整的知识网络。总结完知识点之后就是整理相似的练习题，我将一些常出现的相似的题都贴在一起，总结成一个个专题，分析相似题目的不同答案的由来，虽然这样做需要花费一些时间，但绝对比盲目做题效果要好。

历史非选择题的答题也是有一定规则的，所以要总结一些常用的答题模板，比如措施类、背景类、原因类、比较类、意义类、评价类、启示类等问题，明晰答题步骤，答题才不会混乱，即使不会答，按照步骤写也会得一些分。

第三是地理学习方法。地理的学习我觉得跟政治和历史有很多相似之处。首先课本中讲的概念和原理要牢记并熟练应用。非选择题的回答和政治、历史一样，首先要总结答题模板，比如特征的描述、判断类、原因类、措施类、评价类、意义类等问题，明晰答题步骤才能规范地答题。有些问题的答案在课本中不可以直接找到但又很有价值，答案有普遍性，就可以简洁地将答题点抄到课本中相关知识点附近，复习的时候当作知识点一样记忆，这对拓宽思路很有帮助。

学习地理时仍要保持对时事热点的关注，涉及地理知识的热点更要关注，这些热点很可能就变成高考试题的材料了。

在临近高考的时候我并没有做太多的练习题，而是反复研究近几年我们省的高考题，不断丰富我总结的专题，并认真总结老师上课讲过的知识点。心态方面，我想就是放宽心，不要计较每次考试的成绩，而要多关注一下每次考试之后暴露出来的知识漏洞。而且我一直认为好成绩不是熬夜学出来的，所以我一直保持规律的作息，提高平时的学习效率。

对于文综卷面来说字的工整是很重要的。有些同学因为平时急于做题不注意自己的书写，以至于形成一种写字乱的坏习惯，这样是不对的。平时写作业或做题的时候注意规范自己的书写，最后考试的时候也会自然而然地写出整洁的字。答案条理化也会使卷面看起来更整洁，工整干净的卷面会为考试增分不少。

因为有着充分的准备，所以在踏入考场的时候我是有信心的。答卷的时候也没有感觉太艰难，特别是非选择题，好多题型都是我总结过的，甚至有的题和我总结的题的答题点基本一致。这说明我的复习思路是正确的，所以答卷时很有信心。对于考试的时间安排，我在模拟考的时候就计算好每道题用多长时间，高考的时候也是按照自己事先计算好的时间答。我的时间分配是这样的：选择题 40 分钟，然后地理非选择题和地理选修题 30 分钟。虽然地理后面就是政治题，但我一般是答完地理就答历史和历史选修，因为政治的答案一般很多，不太容易控制答题时间，所以我先答历史，时间是 35 分钟。之后答政治，基本上要 40 分钟，最后留出 5 分钟检查。考试时如果到了预定时间有的题还没答完，我就选择不再纠结于这道题而是接着做下面的题，等后面的题写完之后再回来写剩下没答的题，这样就不会出现因为在某些题上耽误时间而答不完卷的情况，答题的时候也比较从容，不至于乱了阵脚。

曾经那份憧憬如今已经实现，再回首，发现梦想并不是那么遥远。只要有一颗追求的心并且有一股不懈的勇气，就没有什么做不了的梦，没有什么实现不了的愿望。

姓　　名：张　楚

毕业学校：中央民族大学附属中学

高考成绩：总分646　语文108　数学145　英语118
　　　　　理综255　加分20

院　　系：清华大学新闻与传播学院

汗水成就数学，坚持成就梦想

我不是神童，也没参加过奥赛，甚至在高中之前都一直不被重视，但是我却凭借着自己的努力考取了清华大学这所名校，实现了自己的清华梦，成了一名清华人。在高中这三年艰辛的学习之路上，不仅洒满了我的眼泪和汗水，也在高考的最后时刻开出了胜利的花朵！

我的数学成绩虽不能算是特别拔尖，但却也从未跌出过班级前十名，这主要是因为我有适合自己的学习、复习方法。我的考试发挥也很少失水准，这是因为我有好的数学应试技巧。我只是一名普通学生，却因高考而不普通。在此，我想跟学弟学妹们分享我的一些学习经验及应试技巧，希望能对你们有所帮助，使更多的人实现自己的清华梦！

数学学习方法是数学学习时采用的手段、方式和途径。方法是在学习过程中产生和运用的。掌握良好的方法是很重要的，但又不是一件容易的事。这需要付出艰苦的努力，需要持之以恒的精神。

只有每天坚持不懈，日久天长，数学学习才可能成为自觉的行为，你才得以掌握数学学习的主动权。关于学习方法，我想强调四点，那就是培养学习兴趣，吃透课本知识，多做练习深化以及形成数学思维。

首先，我觉得兴趣是最好的老师。当你对数学感兴趣，你才会主动去接触它，而非被动地接受。我觉得这是学好数学的前提，而且也同样适用于其他学科。因为如果你一心要做成某件事，你总会找到办法；如果你非常不愿做某事，你总会找到借口！那么怎样才能培养学习数学的兴趣呢？我觉得需要做到以下三点：第一，多做些符合自己能力的练习题来增强自己学习数学的自信心。在我看来，如果你认为自己有能力学好数学，这说明你至少已经成功了一半。第二，多和同学讨论数学问题，这是一个把自己的观点分享给别人和吸收别人观点的好方法。这样你不仅能学到别人的经验，同时也能加深自己的印象，一举两得，何乐而不为呢！第三，多和老师交流。老师的经验肯定比学生丰富，老师不仅可以给你纠正这道题的错误，甚至还可以指导你做这一类题的方法。如果你对某些题有自己的观点不妨多跟老师交流。

其次，要把书本吃透。书上的基本知识点，如概念、定义、定理、公式等是基础，这些点理解不透，一切免谈。高中数学本来就概念多并且较抽象，而解题方法通常就来自概念本身，所以要重视数学概念的理解。学习概念时，仅仅知道概念字面上的含义是不够的，还须理解其隐含着的深层次的含义并掌握各种等价的表达方式。例如，你必须知道每一个数学公式是如何得来的，拿来有什么用，怎样用。现在有很多同学（包括一些成绩很好的）在并未真正掌握这些基础知识之前，就拿公式、定理等去套题。这样也许能做出不少简单的题，但只要遇到一些综合性稍微强一点的题便不会做了。有些同学高一、高二数学成绩还较好，而到了高三总复习时成绩就不行了，这与他们没吃透书本有着莫大的关系。题是永远都做不完的，随便从网上下载一些就能做上很长时间，更何况还有各种各样的参考书。数学是变化多端的，也许这个题你会做，但是稍微变换一下形式你又不会了。其中的根本原因便是你没有吃透课本，没能掌握最基础、最根本的知识。

在你吃透课本之后，做练习题也是必不可少的，否则你在考试时遇到的都是一些陌生题，看起来简单却做不出来。我做题有个原则，那就是做一道题就要会十道题甚至几十道题。因为每一道数学题（母题）都会涵盖几方面的数学问题（子题），做出母题，由它繁衍出来的每一道子题也就会了。那么，凡是属于这一类型的题就不必一一去做而浪费有限的宝贵时间了。定量的习题训练能让你保持对数字的敏感度。数学与其他科目不一样，如果平时没怎么动手练习，即使明白思路也不一定能正确计算，所以需要做一定量的题来提高做题的熟练度、速度和正确率。另外，做题能使你更熟悉考点，更易明白出题者想考你什么，便于你更快地找到答题的方向。

最后就是要在做题的过程中形成数学思维，这和培养数学兴趣同等重要。数学思维包括数学思想与数学技能。数学思想如方程函数思想、数形结合思想、对称思想、分类讨论思想、化归思想；数学技能如配方、待定系数法等。对于这些思想以及技能，你必须要做到烂熟于心。另外，你还可以记住一些常用的数学模型与中间结论。数学模型就是具体题目的解题套路，中间结论可使学生减少解题步骤，加快解题速度，减少出错率。有了这些数学思想与数学技能，就能在答题的时候事半功倍。

数学思维不是一朝一夕就能形成的，只有通过大量的练习、看书、总结，才能慢慢地积累起来。要想快速形成数学思维，一定要勤于思考。每做一道题，你都要快速思考一下这道题究竟要考我什么，这里面用到了哪些知识，还有没有其他解答方法等。这样你才能跳出这道题，把握出题者的思路，更快地提升自己的成绩。平时要多总结方法，特别是一些常规题型。刚开始总结时，最好将一些你认为好的方法、好的题型写在笔记本上，抽时间拿出来看看（最好是考试前）。而当你达到一定水平时，就只需在心里总结一下就行了，不必再在总结上浪费过多的时间。“山不在高，有仙则名”，题不再多，进步就行。如果你只知道练题而不去思考总结，那么，即使你练再多也不会有大的进步，数学思想也很难形成。特别是在高三总复习阶段，多思考一定能帮你更快地进步。

还有就是一定要做一本个人错题集，因为少错就等于多对。如果做错了题目，不管是什么错误，都应一并收录进来。我想如果真的用心去做，你就会吃惊地发现，你的错误并不是更正一次就可以改掉的。相反，有很多错误都会犯第二次、第三次，甚至更多次！越往后复习，在知识上取得突破的可能性就越小，而若能纠正自己的错误，这实在是一个不小的增长空间。

高考要想取得好成绩，仅有扎实的基础知识、熟练的基本技能和长年累月的刻苦钻研中培养起来的数学能力还不够。同时，还取决于临场的发挥。正确运用数学高考临场解题策略，不仅可以预防因各种心理障碍造成的不合理丢分和计算失误及笔误，而且能运用科学的检索方法，建立神经联系，挖掘思维和知识的潜能，考出最佳成绩。那么高考数学的应试技巧又有哪些呢？

首先，考前要提前进入“角色”，高考前一个晚上要睡足八个小时，吃清淡早餐，按清单带齐一切用具。最好能提前半小时到达考区，一方面可以消除新异刺激，稳定情绪，从容进场。另一方面也留有时间提前进入“角色”——让大脑开始简单的数学活动，进入单一的数学情境，如把一些基本数据、常用公式、重要定理“过过电影”。最后看一眼难记易忘的结论；互问互答一些不太复杂的问题等。这样不仅能够转移考前的恐惧，还有利于把最佳竞技状态带进考场。

其次，开始考试后，精神要放松，情绪要自控，多给自己些正面暗示。刚拿到试卷，一般心情比较紧张，这时不要着急作答，可先从头到尾、正面反面通览全卷，尽量从卷面上获取最多的信息，为实施正确的解题策略做全面调查，摸透题情后稳操一两个易题熟题以振奋精神，鼓舞信心，让自己产生“旗开得胜”的快意，从而有一个良好的开端，很快进入最佳思维状态。有了良好的开端，就能做一题得一题，不断产生正激励，稳拿中低，见机攀高。

第三，答卷时，见到简单的题要细心，莫忘乎所以，谨防“大意失荆州”；面对偏难的题要有耐心，不能急。要求做到：坚定信心、步步为营、力克难题。考试全程都要坚定“人易我易，我不大意；人难我难，我不畏难”的必胜信念，使自己始终处于最佳竞技状态。

最后，不要与小题纠缠不休。每道选择题的平均时间控制在一分半内，这样可以保证在有限的时间里多拿分。坚持“522原则”，即把眼睛盯在选择题的前五个、填空题的前两到三个，解答题的前两个上，因为这些题都是送分的，不会很难。对于难题，可使用缺步解答、跳步答题、退步解答、逆向解答等方法来分段拿分。心算与笔算相结合。心算在特殊环境下容易出差错，一定要心算与笔算相结合，确保运算正确，争取一次性成功。最后要留出检查时间，对于实在不会做的题，应果断舍弃，保证前面简单的题拿到分数。

以上就是我复习数学的经验及在高考时的应试技巧，希望能对学弟学妹们有所帮助，祝你们高考顺利。

姓　　名：陈博贤
毕业学校：甘肃省靖远二中
高考成绩：总分655　语文105　数学131　英语136
理综283
院　　系：清华大学环境学院

理综学习中的“懂、会、对”

理综是高考中占分数比例最大、所考内容最多的一门学科，因此学好理综是至关重要的。学好理综，做大量的题是必不可少的，但也应结合适当的学习方法。

学习理综，要先懂，懂了之后通过练习达到会，之后在考试中再做到对。这三个词说起来简单，做起来却十分不容易。

先说“懂”。理综的知识点比较多，所以上课一定要做到专注。我认为记住知识点轻松的方法就是上课做好笔记，将笔记所记知识点整理为系统的知识网络，在看的时候能大大提高效率，更加容易“懂”。认真将每一章每一节的笔记做好，最后整理为系统的学习框架，消化起来就较快。我在高二的时候迷恋上玩手机，在物理课学电磁的时候没有认真做笔记，导致做题时常常思维混乱。因为没有完全弄懂，所以复杂的题目就不会，更谈不上对了。高三时我专门花时间重新整理了这一部分的笔记，打牢了基础，才真正理解了这几章的内容。

简单的知识点要懂得完全。“懂得完全”可以理解为记得牢固。理综考试常常会在简单的题上失分，一个原因是知识点没有记牢，将知识点记偏、记错，甚至记反。比如物理中的e、h、G等常数分别等于多少、化学中周期表的规律及元素性质、生物中动物培养基、植物培养基的区别。这些都很简单，但需要记得牢固。

难的知识点要懂得透彻。对于难以理解的知识点，需要多翻书、多看笔记，必要时一定求助于老师。可能第一遍看完不能全部理解，多看、反复看总会有效果，然后找一些题目多做一做。一定要把知识点理解透彻，不然考试的时候依然不懂。

同时要懂得联想记忆、重点记忆。联想记忆分三点：

(1)站在系统的高度学习知识，注重知识的整体结构，经常进行知识总结。

(2)寻找新旧知识的联系与区别，挖掘共性，分离个性，在比较中学习新知识。

(3)注重知识的纵横联系，在融会贯通中提炼知识，领悟其关键、核心和本质。重点记忆的内容不要放在与考试联系不大的知识点上，大脑容量毕竟有限，如果你不是“学霸”，建议将精力放在重要的知识点上。

再说“会”。要做到会，就离不开做题。我在物化生三科上，除学校的资料外，都只用一本《五三》。在学校第一轮复习的时候就基本上把《五三》做完了。第二轮复习的时候就做理综套卷。《五三》讲得比较全面，而且题目由易到难，非常适合在第一轮复习时与复习内容同步做。同时《五三》上有各种专题，如选择专练、实验题专练等，用于逐个突击攻破也是十分有效的。看完《五三》就要开始刷题了，如果想让理综上 280 分，疯狂的刷题是必不可少的，“学霸”们可以刷到凌晨三四点，但我个人认为身体要紧，不至于熬到这么晚。我做理综最勤的时候每天夜里十一点半开始做，做完后简单批改，然后赶紧睡，第二天再好好分析卷子。我见识过最勤奋的人，除学校的题外，他在一个月内还做了 30 多套题。虽然他成绩不算太好，但能够从 200 分左右提高到 250 分，其学习效果还是惊人的。所以勤奋是必不可少的。

最后说“对”。当练习了大量的题，已经具备了不错的理综能力，却总得不到高分，即“不对”。我认为原因主要有两点，一是时间分配问题，二是失误问题。关于时间分配没有固定的方法，适合自己的才是最好的，觉着怎么分配效率高就怎么来。我在高考前一个月还改变了做题顺序，因为感觉以前的方法节奏不太对，做起来不是特别顺利。但不建议经常改顺序，定下固定的做题顺序就坚持这样做。经常改顺序会找不到做题的节奏。

再说说失误的问题。失误的原因一是不够仔细，题目看错、看漏会经常发生。只能说失误是不可避免的，要尽量减到最少。失误跟平时没有养成仔细、认真的习惯有很大关系，你可以尝试一下把自己曾经做错的题整理成集，时刻提醒自己。做题的时候总是漏审某个题干，你可以试试每次做练习多读几遍题目。做题时经常回过头看看，如果集中不了精力，可以用笔多画几次，或是尝试深呼吸。在做完一道大题时，可以试着望望窗外的事物 3 ~ 5 秒，换一下思维，对做下一道题，会好很多。还有一个原因就是不善总结，总在同一个地方失误。下面整理一些总结的方法。

平时考试不要太在意分数。其实分数只不过是对你这一阶段努力的一个评价，考完后不是要盯着它，而是要弄清失分的原因，及时弥补这一阶段的不足。学习的过程，也就是不断发现问题并解决问题的过程。成绩不理想的背后，就是问题的暴露，我们必须立即总结反思，采取措施并加以补救，才能在高考中创造辉煌。

至于考试反思，首先反思的就是平时的学习态度。如果在考试中，记忆性的题目失分过多，那显然就是投入不足，是学习态度的问题。如果许多简单的知识应用中，出错较多，运算能力欠缺，即反映平时训练不够，这也是学习态度有问题。反思自己平时是否自觉地进行学习、复习，是否心存侥幸心理，认为平时拖拉点没事，只要考试前几天认真一点就可以应付；反思自己是否盲目地学习；反思自己的学习是否扎实，对于新知识是否只是停留在了解、识记的层次，有没有掌握和灵活运用。大多数同学对知识的理解处于一知半解状态，在解题时不知从何下笔。其实，学习态度是决定成绩好差的前提条件，要想取得好的成绩，必须要有一个良好的学习习惯，端正的学习态度。

其次同学们应反思一下对考试技巧的把握。每次考试总能发现一部分同学缺乏一定的考试技巧，如：觉得考试时间不够；字迹潦草，连自己都看不清；答案由于写在密封线内而被装订上以至于阅卷老师看不到；甚至有学生独辟蹊径，先从最后一道题开始做，等等。作为考试的基本常识：先易后难、规范书写、合理分配时间，这些习惯，都应该在平时的测试中养成。

第三，同学们还应反思一下自己的考试心态。每次考试结束，总有同学说，自己太紧张了，没有发挥好，这就是考试心态的问题。这中间有急于展示自己以致眼高手低的；有没按老师要求做好充分复习，害怕考试的。没有一个良好的心态，就无法发挥出正常的水平。考试时，过分地看重分数、名次，无疑会增加紧张情绪，影响考试效果。如果把考试作为找出自己存在的问题、便于今后学习的一种途径，那你就不会紧张，反而会喜欢考试，会把考试作为检验自己学习效果的一种手段。其实过程是最重要的，只要过程当中尽心尽力就不怕没有好的结果。

成功一定有方法，失败肯定有原因。吃一堑，长一智。考完后总结反思固然重要，但是更重要的是找到新的起点，以一个好心情，用一种平常心投入到下一轮的学习当中。学会总结，做到细心，失误是可以大量减少的。减少失误，合理安排时间，那么离"会"就不远了。

理综多做题永远是硬道理。不要总听老师说"题不在于多，而在于精"。这些话有时对，有时也不对。"精"的意思是你每做一道题就能提炼出其中通用的规律，一些悟性高的学生做一道题就能归纳出其中的规律，但是理解能力一般的学生还是要多做题。所以你要做的就是多做题，同时还要总结规律，再按你总结的规律去做题，做完后再补漏洞，补完漏洞后你就可以只看不做了。只要一看到相同类型的题你马上知道思路在哪里，陷阱在哪里，这时你就成功了。

有的同学现在偏科不一定意味着以后理综就都考不好，理综是需要大量练习的。基本上化学失分在于漏洞，生物在于背书，物理在于建模，这几个是考卷中的难点，高三时每周最少做两套理综卷，一套是连着做完，一套是每天做一点，还是很有效的。

其实高考没要求你有太多能力，"懂、会、对"就是最基本的理解能力、应用能力与总结能力。只要勤奋好学，成功并不遥远。

希望大家好好理解以上方法，能够做到“懂在课堂，会在练习，对在高考”。

姓　　名：刘嘉倩
毕业学校：江西省新余市第四中学
高考成绩：总分650　语文128　数学120　英语139
　　　　　理综263
院　　系：清华大学环境学院

高三一年的英语学习

一转眼，进入大学已经两年，但高三似乎从来不曾远去，恍若昨天。最记忆犹新的，是对梦想坚持不懈的追求。最终我能如愿进入清华大学，除了我的刻苦，还得益于好的学习方法。

这里我主要谈谈英语的学习方法。就我个人来说，我高一、高二的英语成绩并不好，语法学得比较混乱，全靠高三一年将英语补上来。不过我高一、高二的英语成绩虽然不好，但单词没少背，这也为高三英语的突飞猛进打下了基础。

我背单词主要有两个途径：一是遇见生词赶紧记在自己的单词积累本上，二是按计划背四级单词。背单词要抓住零碎时间，下课、吃饭或睡觉前都可以好好利用。背单词也是有很多技巧的，我的那本四级单词书就讲了词根记忆法，相信很多人都知道这个方法，但很少有人能好好掌握并熟练应用。再给大家介绍下我高中老师总结的背单词三大原则：

循环模糊记忆原则

循环模糊记忆原则，是指对要记的单词采用先记大概意思，日后再反复记忆的原则。部分同学有一种似乎很可贵的精神，即希望一遍就把大纲词汇全部记牢记死，口号是：一遍过后，生词熟透。事实上，这种希望一遍就完成任务，一劳永逸的思想是极其错误的。这好比我们记几个朋友的电话号码，如果你连续记忆几个小时，但以后就不拨打这些电话了（即不复习了），那么也许一个星期之后你就把这些电话号码给忘了，但是如果能在以后不时拨打这些电话（即日后复习），就很可能在很长的时间里都不会忘记这些电话号码。这样一来，第一遍记大纲词汇会很难记得精确，这没有关系，只要先让自己的大脑有一个模糊的大概的意思就可以了。因为在日后必须做的练习（如阅读、翻译等）中，单词的意思就会逐渐精确明朗起来。

对比记忆原则

对比记忆原则，是因为单词量的增加而迫不得已的办法，也是自然而然会想到去用的原则。比如记过 contribute，又记了 distribute，我们或许不会搞混淆，但如果阅读中出现 attribute 就会既熟悉又陌生；再比如背了 attitude，latitude，aptitude，longitude，就很可能导致看到 altitude 便认为是 latitude 的意思。看到 adopt，就会想到自己似乎背过这个单词，仔细回想查阅过后，才发现其实原来背的是adapt。所以为了提高单词在阅读中再认知的准确率，只能把这些词型相近、容易混淆的单词放到一起对比记忆。这就像到记忆的海边去捡海螺，如果只捡几个海螺，我们就能轻而易举地辨认出来，但如果我们要捡6500个海螺，再想一一辨认出来，就要下功夫去反复对比一些很难区别的海螺。单词也一样，一个基础差、词汇量小的人往往认为单词好背，因为他不了解随着单词量的增大所带来的困惑和区分的困难。考试大纲中近形异义、长得类似的单词有很多，它们好比孪生姊妹，不加以对比区别，就会认错对象，就会在阅读翻译的时候，让自己的思绪越走越远，影响理解速度。因此，在背大纲词汇的过程中，不能偷懒，要自觉地把那些似曾见过，熟悉而陌生，容易产生混淆的形近、音近、义近的词汇放在一起对比记忆，从而把它们真正记住，否则永远别想把单词记精确。

联想原则

联想原则适合那些屡记屡忘、屡忘屡记仍然很容易遗忘的单词。有些联想是比较合情理的，有的联想是比较怪诞的。比如通过词中词、分解、组合、词缀等方法把已学过的单词和生词联想起来是一种比较合情理的办法。其实我们上面讲的对比原则就是建立在联想的基础上的。先端详生词，然后联想到自己似曾背过的单词，这样才能找出来加以对比记忆。另外，联想相关领域的知识也是一种途径。有的同学总把if only和only if搞混淆，其实稍加联想就不会记错。联想到if开头是虚拟语气的象征，所以if only一定是虚拟的，但 only if 是表条件的，这样自然就记住了。大纲中有个好单词——indispensable，不少同学写作都想用它来代替 important，但每次都写成 indispensible。这个单词是以 able 结尾的，可以联想记为“有能力的人才是‘不可缺少的，绝对必要的，重要的’”就不会写错了。比较怪诞的联想因人而异，比如 compliment 和 complement 两个词，差别是前者中间是字母“i”而后者是字母“e”，有人就联想得很有意思，把“i”联想为汉字的“爱”字，只有爱一个人才会对他“恭维；称赞”。有的同学就联想 complement 是由 complete 变来的，所以是“补助，补足”的意思。还有 adopt，adept，adapt，有的同学把它们的意思串成一句话来背，“我们要采纳专家的改编意见”。其他怪诞的记忆的例子还有，比如有个学美术的同学，把 blend 记为 b（谐音是“不”），lend（借），联想为“不借”自己的彩色颜料，因为自己要“混合；调配”。所以，由于每个人的思维习惯、周边环境的不同，就自然会有不同的联想。这似乎有点无厘头，但能在背单词的苦海中找到背单词的乐趣，何乐而不为呢？不管联想是否合理，不管联想是否健康，不管“黑猫白猫”，只要记住记牢大纲词汇，做到一个也不漏掉，就算达到了我们的目标。

首先，高三上学期复习完所有语法，我用的是一本《五三》，讲语法的大概有十几个单元，一周一个单元绝对足够。这项任务贵在坚持，不能因为月考或其他情况而断掉某一周的学习。多练多做是少不了的。一定要准备好纠错本。多练多做，足以应对所有基本题型和典型题型，用好纠错本，就不再害怕高难度的题，同时错误率大大减小。在高三下学期将语法学习分为两轮，第一轮是简单复习一遍，看看知识点，不用花太多时间；第二轮就是冲刺，在最后一个月的时间每天做三十道语法题，发现虽然题目都会做，但总有一些粗心或误解题意的错误，经过最后的冲刺，基本做到单选全对。

高三我才开始高强度的作文练习，有了词汇和语法基础，练习作文会轻松很多。最好做到两天写一篇作文，之后一定要去找老师指导，这样才能知道自己的不足之处。写作文也是有许多方法的，我的方法总结起来有以下几点：

一、明确高考写作评分标准

评分标准中最关键的一条是"语言形式的丰富多样性"，即正确使用所学过的必要的词汇、短语、结构，并且能够避免重复；句式结构丰富多样：简单句、并列句、复合句应有尽有。这其实提供了写作的第一条思路"选取各类句式，写出对应句子"。这就需要语法过关了。

二、坚持练习提纲作文

（1）确定写作内容层次及写作要点；

（2）选取所学对应词汇及结构、句型；

（3）按照要点，逐条转换，用正确的英语句子表达要点；

（4）联句成篇，适当过渡。

刚开始写提纲会觉得麻烦，但经常写提纲会发现它能大大提高写作效率。其实写好高中英语作文最重要的是把基本的语法掌握好，不需多么复杂高级的语法（作文想得满分另当别论）。主要是条理清楚，也就是把问题分析清楚。高中英语作文主要是议论文，我常用的结构是：

第一段：描述一下题目的问题，适当引申一下。

第二、三段：从正反两方面论证问题，不要夹杂个人的感情色彩。

第四段：写出个人看法。

加上字迹工整，这样的作文不会得低分。

另外，完形、阅读必须每天练，我一般每天用二十分钟做一篇完形、两篇阅读。我做阅读一般先看题再看文章，看一遍题能了解文章大概意思，再读起来就更好理解。做完形我会先看选项再通读文章，道理跟做阅读类似。

最后说说听力。有时觉得听力练了许久，总不见提高，特别是能看懂的英语也听不懂，问题一般出在发音上。缺少发音练习，对英语发音不熟悉，听起来当然觉得费劲。只有能发准英语音，才能彻底听懂英语发音，就像只有会打篮球的人才能当篮球裁判员一样。英语发音里的细节和奥秘很多，如舌位、语调、省略、变音等，只有亲自学会了英语发音，体验了其中的奥妙变化，才能听懂。看篮球看不懂还可以看个热闹，听英语要是听不懂就热闹不起来了，一个关键的单词没听懂这段话就算白听了。因此提高听力要从学习发音做起，听、说混合练习。另外若想彻底提高听力，仅听、说混合练习还不够，要听、说、读、写四项混合练习。听、说、读、写，就像是一辆汽车的四个轮子，要么四个轮子一起跑，要么都不跑，不可能一个轮子跑，其他的轮子停下。若非要一个跑，其他都停下，则这个轮子跑起来也一定十分费力，而且肯定也跑不了多远。听、说、读、写一起学，四个轮子一起跑，哪个都容易进步。

另外选好练习听力的材料也很重要，千万别选太难的材料，一定要选择你勉强可以张口说出来的材料来听，这样听几遍说几遍，听、说能力同步提高，很容易就取得双向进步。

总之，高考英语就是要多练多做，多读多写。长期不间断的练习有助于培养良好的语感，对成绩提高及今后的英语学习也有较大帮助。

关于英语，我要说的就是这些，希望对大家有所帮助。

姓　　名：惠泽华

毕业学校：陕西省西安市西北工业大学附属中学

高考成绩：总分652　语文134　数学141　英语141

文综236

院　　系：清华大学经济管理学院

高中文综学习方法及经验体会

想必同学们已经听过老师、学长学姐无数次强调“得文综者得天下”。事实诚然如此。

在数学、英语省自主命题题目较简单的省份，如陕西，同水平的学生能力相差不大，很难在这两科上获得绝对优势；而语文能力是日常训练出来的，想短期内获得较大提升是很困难的一件事。那么对于文科生来说，迅速提升成绩、拉开差距、持久有效获得绝对优势的做法自然是专注于文综，力争占领文综的高地。

《庄子·庖丁解牛》一章中，庖丁以高超的技术为文惠君解牛，每个切割声都无比精准地切合音律。当被问到何以练就此功时，庖丁这样说：“臣之所好者，道也，进乎技矣。”庖丁以神遇而不以目视，官知止而神欲行，依乎天理，故恢恢乎其于游刃必有余地矣。道近乎技，既而优于技。题海无涯，刷题有限，我认为还是应当从根本的知识原理入手，弄清知识框架体系，归纳反思，交流获得新知，轻松而高效。下面我将从“道”——大的方法策略来分享我的高三文综学习体会，希望能对学弟学妹们有所帮助。

道——提纲架构

始臣之解牛之时，所见无非牛者。三年之后，未尝见全牛也。方今之时，臣以神遇而不以目视，官知止而神欲行。依乎天理，批大郤，导大窾，因其固然，技经肯綮之未尝，而况大軱乎！

——《庄子·庖丁解牛》

对文科学科而言，总结知识体系、整理提纲架构是我认为最重要的一点，也是我一直坚持的方法，边际效益远大于边际成本，在这里与大家分享。

所谓提纲架构，要在仔细研究考纲的基础上，发现上达领域模块，下至具体知识概念的内在联系，用几条线索把一个个零碎的点串起来，形成几条主线，再发现主线间（此时大多为模块之间）的联系，纵横交错的主线构成知识网面，再按时间空间维度排序，将这张知识网向四周扩散，就构成了空间三维立体的知识体系。如果有需要，你还可以根据具体情况，将它拓展到n维……是不是觉得它很强大，又有点玄而又玄、无从下手的感觉呢？下面我将以政治学科为例，与大家分享我的结构框架图。

首先从整体来看，我们的高中政治学科有经济生活、政治生活、文化生活、生活与哲学四个板块。四个板块中，经济、政治、文化是具体相连的，与现实生活直接相关，而哲学则体现在经济、政治、文化具体措施之中，是总的世界观与方法论，因此我们在构建知识体系的时候，可以将哲学单独列出，置于具体的经济、政治、文化内容之上。

具体模块以经济生活为例，它可以概括为四个环节、两个背景和一个总体目标。四个环节即生产、分配、交换、消费；两个背景指的是国内背景即社会主义市场经济，国外背景即经济全球化；一个总体目标是坚持可持续发展观、促进经济又好又快发展。单元概述列出来之后，我们就可以补充进来知识细节点，如消费涉及消费的影响因素、如何提高消费水平、消费类型、消费观；分配环节分为初次分配与再分配，初次分配涉及生产决定分配、影响财政收入的因素、效率与公平的关系，再分配涉及财政与税收作用，最终上升到总的问题——如何促进收入，分配公平。知识点罗列完毕之后，最后一步就是补充具体的知识细节，如消费环节影响消费的因素有：①经济发展状况；②收入，分为当前可支配收入、未来预期收入和收入差距；③物价总水平……就这样，自上而下，一条条知识主线就连起来了。

上面说的只是主线，我们还需要寻找知识间的逻辑关系、相关因素来织线成网。还是以影响消费的因素这一知识点为例，其中影响因素①（经济发展状况）可链接到第九章“社会主义市场经济”和第十章“如何又好又快发展”；影响因素②（收入）可链接到第五章“劳动就业与当前可支配收入”、第七章的“收入分配公平与收入差距”以及第八章的“财政作用与未来预期收入、社会保障”。而这一问题本身也可以跨模块链接到政治生活中的政府职能作用、宗旨原则，在文化生活中即表现为影响文化产品消费的因素，可联想到文化如何发展的问题……

通过消费的影响因素我们联想到上至经济、政治、文化、哲学四模块，下至这一问题的具体知识细节，牵连出一连串内容。其实每个知识点都是这样的，总是与其他内容存在千丝万缕的联系。同学们在学习过程中不妨找找看，这是一个颇有趣的过程，也是对知识全盘整理、熟悉度快速提升的过程。

道——归纳反思

良庖岁更刀，割也；族庖月更刀，折也。今臣之刀十九年矣，所解数千牛矣，而刀刃若新发于硎。彼节者有间，而刀刃者无厚；以无厚入有间，恢恢乎其于游刃必有余地矣，是以十九年而刀刃若新发于硎。

——《庄子 · 庖丁解牛》

当我们花很大力气整理出知识框架体系后，从此便觉得大功告成，自此如获珍宝，守着这张表直到高考吗？当然不是这样。知识是需要不断翻新整理的，我们的体系表格也是这样。听新课时和复习时的感受肯定不一样，第一轮复习和第二轮复习对同一问题的理解也有所差异，有什么新想法、新认识，不妨用另外一种颜色的笔补在旁边吧。感觉原来写得有问题或是已经确定当初理解错误的内容也不要直接涂抹掉，我们可以让它一直保留在那里，每一次翻阅都不断提醒自己，每次都去想想它为什么是错的，当初为什么会那样想，现在又是什么让自己改变了想法。

这样反思过去的过程不仅能避免我们再犯同样的错误，还可以让我们加深理解，温故而知新。

道——交流知新

你有一个苹果，我有一个苹果，我们交换后，每人还是一个苹果；你有一种想法，我有一种想法，我们交换后，每个人便都有了两种想法。

——犹太人古语

精明的犹太人非常看重交流的价值，他们往往能团队协作，分享每个人的想法与创意，最后汇集成一个最佳方案，这种集体智慧的结晶往往能获得成功。

我们的学习也是这样，每个人的文化背景不同、看问题的方式不同，想法也不尽相同。当不同的思想交流碰撞时，往往能产生出人意料的思维成果。多和老师交流，可以获得前人经验，执教多年、经手大批学生的老师总是明白哪里是易错点，哪里是难点；多和学长学姐交流，作为同龄人的他们刚刚经历过你们正在经历的东西，会以同龄人的视角给出你们切实可行的方法建议；多和同学交流，你们正经历着同样的环境，感同身受，有什么想法不妨和他们分享。你有好的方法，我有实用技巧，相互分享，大家一同进步。他们是你的竞争者，更是携手前行的同伴，这种战斗友谊在日后越发弥足珍贵。

道——逻辑思维

学习重要的是掌握学习方法，培养思维逻辑。以读题为例，逻辑问题大致可分为三类："是什么""为什么""怎么办"。面对题目，我们要做的第一件事自然是读题。但是，这并不代表把题目的每个字读完就可以说已经完成了这一步；更重要的是去看题目的出题逻辑、设问方向，然后才是从大方向联系所学内容，寻找对应点作答。

“是什么”类问题是三种逻辑中最简单的一种，通常表现为“……反映了……现象”“……体现了……原理”，这要求我们扎实掌握基础知识，具有一定的归纳能力，注意把握从现象到本质的主线即可。

“为什么”类问题常用的是因果分析法。即前因后果：我们（不）这样做的原因，这样做的后果影响。前因多侧重知识层面，理论性要求高；后果则侧重现实，要求结合材料分析，分析的过程中要注意利弊双方面考虑和主体分析，如果能加入一些现实时政性语句，一定会让人眼前一亮。

“怎么办”型问题分析方法较多，这里介绍几种最常见的方法。①主体分析法。事情总是通过其特定主体来完成、显现作用的，大致可分为宏观主体（如国家、社会等）与微观主体（如公民、企业、社会组织等）两类。这件事情怎么办只要想想有关各方应怎么做，汇集起来就是整体措施，这样可以简化问题、降低难度。②根据现状提建议、根据目标提建议，这两类问题都有较强的针对性。③通用逻辑：主体+方法+途径+媒介……展现出事情进展的每一环节，展现出完整的横切面来。恰如其名，这种逻辑的适用性非常强，但要注意有重点，有层次，切忌全盘堆砌。

从根本的知识原理入手，弄清框架体系，归纳反思，交流知新，培养思维逻辑。这是我高三文综学习的一点感悟，写出来与大家分享，愿有所裨益。

姓　　名：赵芙愉
毕业学校：广东省中山纪念中学
高考成绩：总分702（广东省第二名；中山市文科状元）
语文132　数学139　英语141　文综265
自主招生加分25
院　　系：清华大学经济管理学院

关于高中语文学习的心得体会

总的来说，第一，高中的学习重在讲求效率，注重方法。就拿背诵来说，心不在焉地对着书本看一个小时肯定不如全身心地投入十分钟更有效率。学习方法以适合自己为重，不能照搬照抄，邯郸学步最终只会害了自己。但是也应多与别人交流学习心得，博采众长，不断调整自己的方法。

第二，题海是绕不过去的。但是不能为了做题而做题，一定要注意总结归纳，建立自己的错题本，做一道题要有做一道题的收获。同时还要保持良好的心态，平时练习成绩比较差的时候不要气馁，更不能自暴自弃，而是要不断鼓励自己，平时就把问题暴露出来，把不会做的题目都解决掉，到了真正显身手的时候就会取得巨大的进步。

第三，多和老师交流。每次考试过后都要积极主动分析优点和不足，写成属于自己的经验总结，这便是以后每次考试前的绝密杀手锏，因为避免重复犯同样的错误便是最大的赢家。在通往成功的道路上不需要过多地和别人比，你要做的就是战胜自己。战胜过去的自己便是最大赢家。

一直以来，我对语文学习比较有心得体会，也很幸运碰到了很多优秀的语文老师。那么我就详细谈谈我对语文学习的一些看法吧，仅供学弟学妹们参考，具体的还是要靠大家自己在实践中摸索出适合自己的方法！

众所周知，语文学习并不是一蹴而就的。语文大厦的构建需要从小就为它添砖加瓦，那么成功才会是水到渠成的事情。但是如果你觉得自己以前不够努力，也没有关系，better late than never. 语文之花只要你从心底里重视她，呵护她，对她施以正确的适当的营养肥料，她便能够茁壮成长。就拿广东高考语文为例说说具体的做题方法吧。

基础题里面关于字音、成语等知识重在积累，最好是放在平时零碎的时间来做。比如说，每天早读抽出一点时间来巩固，中午在食堂排队的时候再拿出来看一看，晚上熄灯睡觉前再拿出来看一眼，这样下来，一些零碎的不容易记住的基础知识就能在潜移默化中被攻克。在这个过程中，有一本专门用来记录易错字词的笔记本是十分必要的。在平时做题的过程中遇到不会的就随手记下来，然后用不同颜色的笔进 行标记，哪些是重复记忆后攻克的，哪些是反复记忆后仍然记不住的，也就是说要定期进行大清理，这样能带给自己心理上的成就感，同时也方便日后的记忆。

对于文言文，我觉得多读是最重要的。不仅是书本上学过的文言文要定期拿出来反复读，每一篇做过的文言文也要在当晚或者第二天早读时拿出来从头到尾读一遍。在读的过程中要注意把其中的重点字词顺带着回顾一下。当然，这要求在做完一篇文言文之后最好能自己进行认真的批改，对照参考注释翻译全文，圈出其中实词、虚词、特殊句式等的重要考点，这样再拿出来复习的时候就会一目了然。多读可以培养语感，而语感在做题的时候是非常有帮助的，特别是在你不会做的时候。遇到不会做的题还是有方法可循的，不能胡乱猜，而是要在迁移书本知识的基础上猜。也就是说，出题人不会平白无故地考你一些非常难非常偏门的题目，而是根据你在书本上学到的知识，对它们进行一定的升华之后来考你的。这时，我们便运用通过多读训练出来的语感来帮助我们很快地联想到书本对应的知识，从而正确地做出这道表面看上去很难的题目。实词、虚词释义题还有一种简单有效的答题方法即代入法，直接将词语意思代入原文中，凭借对句子整体的理解来做题。至于翻译题，建议一定要打草稿，不能拿来就在试卷上写。翻译要注意以直译为主，重点字词一定要翻译到位，然后把整句话意思理通顺后再写到试卷上。

诗词鉴赏这道大题是有一定难度的，所以首先我们要摆正心态，争取完整丰富地回答每一问来尽力拿到更多的分，而不要总是想着“我肯定做不好”“糟了，又要失分了”等。不过，经过系统的总结和做题归纳，诗歌鉴赏还是可以很容易就攻克的，一定要有信心：付出努力，就会得到好的结果。具体来说，分类有几种，按题材、体裁、朝代等，每一类都有一些固定的答题模式，这在做难度比较大的诗歌鉴赏题时是很有帮助的。比如说咏物诗，也许你对诗歌不是太理解，但是只要你能从题目或某一两个字眼中看出这是在写一种物，那么对于诗歌的主旨你就应该向这种物寄寓了诗人怎样的情怀上面思考。我们要做的就是多归纳这种思路，对每一类题型都有了思路后就会对做题充满信心，能以不变应万变。当然，也不能生搬硬套，还是要实践和理论相结合才能得出最满意的结果。

论说类文本的阅读题重在细心、静心。所有的答案都可以在文中找到，两道选择题要注意选项经常设错的点，比如说张冠李戴、无中生有、绝对化等。杜绝粗心，最好是在文中画出每一个选项对应的语句，逐字对照，不仅能提高做题的正确率，最后检查起来也方便。问答题的回答要完整，一定要把观点阐释清楚，当然，并不是鼓励啰唆，而是要让你写的每一个字都具有意义，这样高分才会手到擒来。

选做的阅读要根据自己的特点，擅长哪一种题型就果断地选择它，然后调动所有的知识，完整丰满地呈现出自己的答案。无论是文学类文本还是实用类文本，每一种题型都有固定的模板，比如说小说中环境描写的作用，传记中刻画人物的方法，这些基本的知识一定要烂熟于心，这样才能运用自如。不过，在大家都记住模板的情况下怎样脱颖而出呢？秘诀就是要具体——把模板的语言和文本内容有机结合，详细解说，这样才能写出完整的答案。比如，侧面描写的作用，不能仅仅说是突出人物形象，而是要具体说明突出了人物怎样的形象。只要我们多解说一点，具体一点，答案的完美度就会大大提高。

语言运用方面有很多种题型，高三总复习前老师一般都不会太系统地讲，这个时候就需要自己平时在练习中每见到一种类型就有意识地总结一下，起码要时常复习一下，要不然一种题型太久不练是会生疏的。到了一轮复习时，老师会系统地讲解每一种题型的答题方法，这个时候更要认真做笔记，认真做练习，把每一种题型都弄懂。比如说图表题，应该怎么归纳图表内容，从哪些角度归纳图表的变化等。这类题的形式比较多变，所以见到新题型不要怕，要相信考的都是你学过的内容，要有信心、耐心，还要细心。

最后便是作文了，这应该是主观性最强的一道题，所以我说的也只是我自己的方法，具体的还是要结合自己老师教的和自己的经验总结吧！广东省高考作文这几年都在考查材料作文。材料作文，顾名思义，就是要体现材料，结合材料，万不可脱离材料，跳出材料。首先，标题是文章的眼睛，所以标题最好能比较直白地体现你文章的中心论点．当然，这都是针对议论文来说的，其他文体就另当别论了。在清晰明了的基础上再考虑适当地运用一些修辞手法使标题变得更生动些。其次便是开头，开头最好也使用一些修辞手法，吸引老师的眼球，引用、排比、比喻、对偶等等，这些修辞都是比较容易写出彩的。然后便是主题部分了，主题部分一定注意结构、思路要清晰，每个分论点最好放在段首明显的位置，甚至可以单独成行。分论点最好要有文采，同样可以采用修辞手法。具体的论述里要注意事例的丰富性和多样性，举例完最好要有一些自己的见解和看法，呼应主旨的句子等。结尾处最好能吸引人，发人深思。这样，一篇优秀的考场作文就出炉了。当然，还是那句话，作文的主观性非常强。以上说的仅仅是我个人的经验之谈，具体的还是要视每个人的实际情况而定。

把每种题型都简单地分析了一遍之后，我觉得最重要的还是要把握好整体，注意一些考试的小细节。比如说时间的控制，最忌讳的是出现作文写不完的情况。但如果感觉自己真的写不完，一定要果断结尾，一篇匆忙结尾的文章总比一篇没有结尾的文章好。在平时的练习中一定要控制好自己的做题节奏，一般前面基础题用多久，做到阅读题时剩下多少时间，留多少时间写作文等，这些都是要在无数次考试的历练中形成的。还有就是诸如不要忘记涂答题卡、不要忘记写名字、尽量不要写错别字、注意卷面整洁之类的问题，这些都是考试中不可忽视的细节。

说了这么多，总的来说，就是方法虽多，但适合自己的才是最好的。在高考中注意细节，力求清晰完整，熟记答题思路，就一定能取得优异的成绩。愿大家在语文的海洋里尽情徜徉！

姓　　名：童　心
毕业学校：重庆南开中学
高考成绩：总分650　语文128　数学120　英语139
　　　　　理综263
院　　系：清华大学环境学院

数学学习之我见

数学是最基础的一门学科，尤其对理科生来说，扎实的数学功底对理综的学习也有莫大的帮助。所以，学好数学是十分必要的。

撇开数学学习不谈，先谈一下我曾看过的一篇讲苦学、好学、会学的文章。

第一种为苦学：提起学习就讲“头悬梁，锥刺股”，刻苦、刻苦、再刻苦。这种同学，觉得学习枯燥无味，对他们来说，学习是一种被迫行为，体会不到学习中的乐趣。长期下去，对学习必然产生恐惧感，从而滋生厌学的情绪。结果，在他们那里，学习变成了一种苦差事。

第二种为好学：所谓“知之者不如好之者”，达到这种境界的同学，兴趣对学习起到重大的推动作用。他们对学习如饥似渴，常常达到废寝忘食的地步。他们的学习不需要别人的逼迫，自觉的态度常使他们取得好的成绩，而好的成绩又使他们对学习产生更浓的兴趣，形成学习中的良性循环。

第三种为会学：学习本身也是一门学问，有科学的方法，有需要遵循的规律。按照正确的方法学习，学习效率就高，学得轻松，思维也变得灵活顺畅，能够很好地驾驭知识，真正成为知识的主人。

其实学数学就是这样，先是苦学，做大量的题来磨炼自己，训练自己的数学能力；但题做多了难免枯燥甚至反感，这就需要好学，要真正体会到数学中的美感，对数学产生兴趣；接着要会学，掌握高效的学习方法。

下面为大家介绍一些我高中时学习数学的方法及心态调整的经验：

首先讲解析几何，针对解析几何各种题型提出一些方法。

题型一，中点弦问题：具有斜率的弦中点问题，常用设而不求法（点差法）。这个方法要好好地训练，还要理解方法的本质及内涵，比如利用点差法解决相关的曲线上是否存在一点关于某直线对称的问题。

题型二，焦点三角形问题：椭圆或双曲线上一点与两个焦点构成的三角形问题，常用正、余弦定理搭桥。三角形是最基本的几何图形，而焦点三角形是圆锥曲线定义和正余弦定理的最好载体，应予以重视。

题型三，直线与圆锥曲线位置关系问题：解决直线与圆锥曲线的位置关系题目的基本方法是解方程组，在转化为一元二次方程后，利用判别式，应特别注意数形结合的办法。在利用本方法的时候要注意两点：第一合理假设直线方程，不要忘记斜率不存在的情况；第二是在转化为一元二次方程时要验证“Δ”，特别是在解决下面题型四的时候切记！

题型四，圆锥曲线的有关最值（范围）问题：圆锥曲线中的有关最值（范围）问题，常用代数法和几何法解决。若命题的条件和结论具有明显的几何意义，一般可用图形性质来解决。若命题的条件和结论体现明确的函数关系式，则可建立目标函数（通常利用二次函数，三角函数，均值不等式）求最值。在建立目标函数的时候一定要有定义域意识，所以在我们建立了目标函数之后，一定要求一下函数的定义域。最值定值问题都是这几年考查的重点，要好好地训练。

题型五，求曲线的方程问题。分以下两种情况：

（1）曲线的形状已知——这类问题一般可用待定系数法解决。

（2）曲线的形状未知——求轨迹方程，可用相关点法等。

一定要重视一般轨迹的方法，所以曲线与方程这一节课要特别重视一下。

题型六，存在两点关于直线对称问题。在曲线上存在两点关于某直线对称问题，可以按如下方式分三步解决：求两点所在的直线，求这两直线的交点，使交点在圆锥曲线形内（当然也可以利用韦达定理并结合判别式来解决）。点差法的应用一定要熟悉。

最后，向量的工具性是解决解析几何问题必不可少的内容。所以我们一定要重视向量的转化和处理，如以线段AB为直径的圆过点O转化为向量的数量积为零等。

总之，在解决解析几何问题的时候一定要细心，因为它考查了我们的计算能力。

其次讲一些排列组合的解题方法。

（1）是使用“分类计数原理”还是“分步计数原理”，要根据我们完成某件事时采取的方式而定。可以分类来完成这件事时用“分类计数原理”，需要分步来完成这件事时就用“分步计数原理”。那么，怎样确定是分类，还是分步呢？“分类”表现为其中任何一类均可独立完成所给的事件；而“分步”必须把各步骤均完成才能完成所给事件，所以准确理解两个原理强调完成一件事情的几类办法互不干扰，相互独立，彼此间交集为空集，并集为全集，不论哪类办法都能将事情单独完成。“分步计数原理”强调各步骤缺一不可，需要依次完成所有步骤才能完成这件事，步与步之间互不影响，即前面步骤用什么方法不影响后面的步骤采用的方法。

（2）排列与组合定义相近，它们的区别在于是否与顺序有关。

（3）复杂的排列问题常常通过试验、画“树图”“框图”等手段使问题直观化，从而寻求解题途径。由于结果的正确性难于检验，因此常常需要用不同的方法求解来获得检验。

（4）按元素的性质进行分类，按事件发生的连续性进行分步是处理排列组合问题的基本思想方法，要注意“至少”“至多”等限制词的意义。

（5）处理排列、组合综合问题，一般思想是先选元素（组合），后排列，按元素的性质进行“分类”和按事件的过程“分步”，始终是处理排列、组合问题的基本原理和方法。通过解题训练要注意积累和掌握分类与分步的基本技能，保证每步独立，达到分类标准明确，分步层次清楚，不重不漏。

（6）在解决排列、组合综合问题时，必须深刻理解排列、组合的概念，能熟练地对问题进行分类，牢记排列数与组合数公式与组合数性质。容易产生的错误是重复和遗漏计数。

总之，解决排列组合问题的基本规律，即：分类相加，分步相乘，排组分清，加乘明确；有序排列，无序组合；正难则反，间接排除等。

我们在抓住问题的本质特征和规律，灵活运用基本原理和公式进行分析解答的同时，还要注意讲究一些解题策略和方法技巧，使一些看似复杂的问题迎刃而解。

第三讲讲高考心态调整。

加强自我暗示。就像2013年春晚的黑马节目《今天的幸福》中，女主角说的一句话："别总想着自己没啥，要多想想自己有啥。"考生们也是一样，别总觉得自己不行，越消极越没有自信，要多看看自己的优势，比如答题时很细心，不会因为细节而丢分。给自己正面的、积极的心理暗示，告诉自己"你最棒"，这样才能够有昂扬的斗志来支持你完成考试。

提升自信心。相信很多老师都会教给学生一个提升学习成绩的方法，那就是把每次做错的题都记录在一个小本子上，平时多花点时间在这些曾经做错的题目上。这个方法在平常的模拟考中能够有不错的效果，但是我个人认为，临近高考的时候，还是要多做一些基础题。一是因为近年来的考题还是有偏向基础知识的趋势；二是做一些一般难度的题目，可以让自己觉得能够解决问题，加强自信心。若是钻牛角尖，非要做偏题、难题，则会让自己感觉自己很没用，一道题也答不出来。一旦情绪变得低落，答题时何谈正常发挥甚至超常发挥呢？

学会自我减压。不要把高考看成是人生的唯一目标，这样的想法会给自己的思想压上一个极大的包袱，人也会变得患得患失，甚至觉得如果高考失利，人生也就完了。这种极端的想法一定要摒除，要告诉自己：高考并不是人生的全部，高考也不能决定一个人的命运，只要尽力做到最好，让自己没有遗憾，那就是高考最大的意义和收获。

专注眼前之事。有的同学心思很重，一天到晚总是想着“我这次能考个什么大学啊”“这个大学的专业以后能不能找到好工作啊”等。说好听的是懂事早熟，说不好听就是庸人自扰。在这些想法的驱使下，往往会使自己的学习节奏越来越乱，抓不住重点，结果本末倒置，忽视了眼前最关键的事情是如何沉着应考。建议同学们不要想得太多，把心思放在当下，切记一步一个脚印，踏实地走好每一步，这样才能够为更美好的明天打下坚实的基础。

做到好学会学，有了好心态，离高考成功就不远了。

姓　　名：贺渝淼
毕业学校：四川省达州市第一中学
高考成绩：总分641
院　　系：清华大学生命科学学院

不积跬步，无以至千里

——语文学习经验

相信对于大部分同学来说，语文算得上是一门中庸的学科。在这个科目上，一般不太容易与其他人拉开差距，这也说明了想要在语文上有所提高也并不像数学、英语那样容易。《荀子·劝学篇》中说道："不积跬步，无以至千里；不积小流，无以成江海。"可以说，这就是学习语文的奥秘。

不管是从平常的学习，还是从试题的类型来看，我们可以明显地看出语文的基础是"字、词、句"，夯实基础之后再要提高就得从"章"来入手。正是这四个部分几乎构成了语文学习的全部。下面我从试卷的角度来谈谈怎样具体地锻炼语文的答题技巧，从而提炼出事半功倍的学习方法。

四川卷语文试题的第一部分是选择题，其中又分为基础知识、科技文阅读和文言文阅读三个部分。基础知识共四题，一般是对字音、字形、成语和病句的考查。显而易见，这个部分的题属于记忆型而不是技巧型，所以是不允许失分的。这就需要平时大量积累、背诵正确的字音字形和成语，并掌握常见的病句类型。我的建议是，可以在早读时抽出时间读一下容易读错音或者写错形的词语、成语及它们的意思，一来长期读诵可以留下一定的印象，二来可以培养出语感，而语感对于判断病句又是十分重要的。另外，通过大量的练习我们可以发现，各套试卷的前四题存在着相当分量的重复，也就是说，我们可以提炼出一些常考点、重点词，可以在上面多下功夫。在归纳重点考点方面，各大教辅资料都做得很好，我们应该学会有效地运用资料。

接下来是科技文阅读。给出的文章是说明文，内容一般都与科学技术或者环保相关，考题大致分为细节题和归纳题两种类型。所谓细节题，就是可以在文章中找到答案，但是答题时不可能在找细节上花费太多时间，所以我建议大家在阅读文章时，可以一边读一边根据自己的感觉勾画出一些重点词句，这样在你返回文中找答案时，可以省下不少时间。而归纳题需要的是你对文章内容的理解，一般不会有太大的问题，但是需要小心一个陷阱，绝对不能有先入为主的思想，一定要根据文章本身传达的意思来理解。

再之后是文言文阅读。试卷给出的是一篇课外的文言文材料，多为人物传记。虽然是课外的文言文材料，但其中的难点词语其实都是课堂上学过的文言词汇。这就要求我们平常在学习文言文时不能一味地死记硬背，要学会活用文言词汇，尤其是文言虚词，毕竟文言文阅读三题中的两题都是对文言词汇的考查，不仅要记住这些虚词在课文中的意思，当它出现在陌生的句子中时，也能辨别出它的正确意思。第三题则是对文章大意的理解，一般是要求选出关于文章内容正确或是不正确的一项。这个可以采用排除法，即使不能准确了解每句话的意思，也能比较容易得到正确答案。而之后的文言文翻译，才是在真正考验文言文功底，不仅有对大意的理解，更有对关键字的正确翻译，所以大家在答题时应当尽量做到直译而不是意译。

诗歌鉴赏可能对于很多人来说是一个难点，毕竟古诗不是一种浅显易懂的文体，阅读和理解的时候需要透过现象去看本质。古诗当中的现象就是所谓的“意象”，每个意象都反映出不同的意境。在平常的学习中，我们可以积累出不少古诗中常用的意象，比如“明月”一般表达思乡之情，“杨柳”一般抒发离别之意等。这样，在我们阅读一篇陌生的诗歌时，就可以帮助我们更好地理解诗歌大意。另外在答题时，更要学会运用试卷上给出的信息——注释。要知道，试卷上的每一字每一句都是十分宝贵的，如果试题给出了注释，就说明一定与诗歌的内容有着重要的关系。一般来说，给出的注释或者是某个词（一般都为全诗的诗眼），或者是作者的一段经历，从中都可以提炼出诗歌的基调或情感。

古诗词默写虽然只占 5 分，但要拿到这 5 分还是要下一番功夫的，而且并没有捷径可以走，只能通过平常的熟读、背诵，将课文中的古诗词、文言文名句烂熟于心，考试时才可以做到得心应手。能够背诵只是一个基础，更要能正确地写出来，注意不要写错别字。所以在平时背书时，要注意手、眼、口、心并用，不仅要多读多背，还要多写。现代文阅读是答题相当主观的一个部分，占的分值也比较大，答题的时候也比较容易摸不着头脑。对于这个部分，我的技巧有两点。一是可以通过平常练习中的参考答案来提取经验，即将自己的答案与参考答案做比较，学习参考答案的叙述方法和组织结构，这样就更容易踩中得分点。二是培养出答题模式，不要想到哪儿写到哪儿，答案一定要条理分明，最好是能分点作答，一目了然。

语言运用题是相比之下较灵活的题型，考查的不仅是同学们的语言运用能力，更是创造力和想象力，因此，只能在练习中多思考，逐渐培养出解答这类题的能力。另外，在平常的练习中，可以将一些精彩的句子、段落摘抄出来，适当记一记，对于答题也会有一定的帮助。

最后，也是最重要的一个部分，就是作文了。作文并没有一定的范式，在这里我想讲一下关于我自己如何纠正"偏题"这一毛病的例子。高考前一段时间，我写作文偏题的问题还十分严重，甚至在一次月考中还因为偏题致使作文只得了及格分。就要高考了，这个问题必须解决，可是复习的时间有限，要通过大量练习来改善的话，写一篇作文又需要花费不少时间。怎么办呢？于是我找了语文老师共同商量这个问题，找出了一个巧妙而高效的办法——我每天找一个作文题，审题之后告诉老师我写作的想法、文章的构思，再由老师来评判一下我的思路是否可行，如果有偏题的苗头就及时纠正过来。这样，每天大概只花十多分钟，就相当于练习了一篇作文，而且通过大量练习之后，我从中受益匪浅，不仅偏题的问题基本解决了，在文章构思、事例运用方面都得到了提高。所以，对于作文是弱项的同学们来说，不妨试一下这个方法。

除此之外，字迹一定要工整，最好不要出现大篇幅的改动，保持卷面整洁是非常重要的。所以写作文时，一定要先有一个比较成熟的思路再下笔，但也要注意把握好度，不可浪费过多时间。

以上是我根据高考试卷的各种题型来分析的答题技巧，属于“应试”的部分。下面我再简单谈一下平常学习中需要注意的一些地方。

有些人认为语文课上老师讲的课文并不重要，因为考试时不会直接考到。我并不同意这种看法。如果说数学老师讲课是在传授技巧，那么语文老师讲课就是在引领同学们思考。每一篇课文都相当于一篇范文阅读，从中我们不会学到条条款款，却学到了阅读文章、理解文章内涵的方法，得到了真切的体悟。我想这正是语文的魅力所在。汉语作为我们的母语，我们不需要去学习使用它的技巧，我们要学的是如何去感受它的魅力，它的包罗万象。

对于学习来说，不管你是否喜欢语文这个科目，最重要的、最首要的是要摆正态度，相信自己只要用心，就一定能学好它。就算你是一个对语言文字不感冒的人，或者是你对它的灵活变换捉摸不透，也可以通过背诵、练习、有技巧地答题来学好它、掌握它。“蚓无爪牙之利，筋骨之强，上食埃土，下饮黄泉，用心一也。蟹六跪而二螯，非蛇鳝之穴无可寄托者，用心躁也。”说的正是这个道理。

学习不是平步青云，而是一件需要长久坚持的事。也就是说，不仅要肯下功夫，更要戒骄戒躁。毕竟成绩的提高不能立竿见影，如果一时半会儿看不见成效也千万不能懈怠，只要持之以恒地下功夫，最终一定能从量变促成质变，让你的成绩更上一个新台阶。正所谓“谁无暴风劲雨时，守得云开见月明”。

最后，希望我对语文学习的一点经验之谈和应试技巧能够给面向高考的同学们带来帮助和启发。学习并不是那么枯燥，高考也没那么可怕，最重要的是保持一份平和的心态。祝同学们都能拥有这份心态，考入理想的大学。

姓　　名：周正颐

毕业学校：四川省达州中学

高考成绩：总分655　语文122　数学142　英语127

理综264

院　　系：清华大学电子工程学院

思维高度成就更闪耀的辉煌

——高中数学学习的新思维

自从文理分科以来，我的数学成绩一直都走在年级的前面，高考中也取得了不错的成绩。回想起来，我认为并不是我比别人聪明，而是因为我对数学的学习有了一个更高的认识。这样的认识让我摆脱了作为一名答题学生的被动，使我能够站在出题人的高度来审视我做的每一套题，以老师的高度来审视我的发挥。我真的要说思维高度能够帮助我们成就更闪耀的辉煌，让我们赢得更高的分数，为我们走进清华、北大等名校铺平道路！

其实数学并不算特别难。我相信每一位同学只要肯下功夫、花时间，就一定能够战胜理科数学！但是尽管它不算难，却仍具有很强的区分度。这不仅体现在它能通过分数反映出不同学生数学能力的高低，还体现在它对于一个学生的高考总分起着至关重要的作用。

下面，我以我高三备考数学的一些心得体会和一些学习经验来说明思维高度如何成就我们更闪耀的辉煌。

一、明确练习与考试的差距

首先，要明确我们做一张试卷、参加一次数学考试的目的是什么。毫无疑问，我们的回答都是得分。那么什么是得分，如何实现有效的得分呢？这需要我们找准分的本质——它就是一张150分的卷子你做对了多少。可能你觉得这样的本质太无意义，但实际上如果你知道了这个本质你就知道了你准备数学考试需要面对两个问题，即考试考什么和你会什么。其次，我强调一个差距分析的过程，尤其要重视“为何会而不得分”这个问题。从我的经验出发，造成这个问题的原因是平常练习与考试脱节。因此我们要认真审视考试失分的原因，注重平常练习，要实现练习为得分服务的目标。最后，我强调一下套题的作用。套题对于我们能力提升的作用体现在三方面，一是做题效率方面，通过套题训练可以提高我们做题的速度与准确度；二是分类能力方面，市面上的辅导书是编者来帮助你分类的，实际上仅仅接受别人的分类并不一定能收到好的效果，只有你自己分类才有更好的作用，当你能够自己分类你做的题，你就能在战术上藐视出题者了；三是日后的努力方向方面，通过套题训练你能知道什么题让自己丢分，从而重视那些题，重视相应的知识，重视该做的工作，最终各个突破获得更高的分数。

二、高三如何填补自己的知识点差距

首先，我提出一个理论——“错题本谬论”。高中时班里常常有人花很多功夫去做错题集，昂贵的韩国进口本子、工整的誊写、精心的评注却陷入了重过程而不求效果的陷阱，失去了错题本的意义，让抄错题变成了一种强迫症式的思维懒惰。错题集本身是学习过程的一部分，它的功用在于帮助你更好地学习，弥补你的知识漏洞，提升你解题的能力并最终提高你的学习成绩。但这样的错题集却变成了一种炫耀做过多少题的工具。这是本末倒置的，我们要相信只有让你真正能提分的错题集才是好的错题集。所以我建议同学们不要做精美错题选，而是做一本实实在在、为自己所用的错题集，只要自己能看懂，能帮助自己找到漏洞、找到不足，为自己提供一个温习错题的平台即可。其次，我建议大家要仔细分析各板块的知识差距是如何产生的。数学试题中解答题最费时费力，而解答题中又以导数求导类试题和解析几何类试题最容易难住我们。上高中时，常常听同学抱怨自己几何能力差，所以导数类的代数问题自己会做，但解析几何就是理解不了。也有同学抱怨自己图形能力好，但就是不会算。而实际上真是这样吗？回忆我们初学这些知识的情景，反思自己当时是否因情绪干扰、训练不足导致对该部分的基本方法、基本知识、基本能力、拓展方法、拓展知识、拓展能力的掌握不牢。如果是这样的问题，我建议大家回归同步练习，找到自己有漏洞的那一部分的同步练习来进行训练，从而突破自己的知识障碍、心理障碍。如果不这样做而是全面撒网，其实只是一种自我安慰，让自己表现出努力学习的精神头，实际上却没有任何作用。最后，我建议大家要对试题进行“精耕细作”式的归类分析，做完一套题，要学会总结出让你失分的知识属于哪一本书、哪一板块、哪一小点。例如，一道解析几何题要具体到是对圆锥曲线的定义理解不到位，还是对其性质理解不到位，或是对其计算不到位。并且，还要学会理清各知识板块的关系，错的是这一部分的知识，其知识漏洞却可能跟其他知识板块共同作用有关。所以，数学教材和考试说明也需要我们细细研究，找到数学知识的根本与联系。

三、对数学尖子生精益求精的建议

第一点是在提分受到局限的情况下要尽量减少自己成绩的波动，稳步提高自己学习数学的效率，争取减少在数学上花的时间，为提升其他学科的成绩提供时间上的可能性。第二点是要学会积极帮其他同学解决各种问题，这样可以训练你面对各种题目时从容应对各种问题的能力。它的原理在于，当别人问你题目时，你会觉得烦躁，且这些题目常常是一些较难的题，这恰好模拟了高考时可能出现的有题不会做、心情烦乱的情景。最后一点是，要做到足够自信、对任何题目无畏。只有这样，面对千变万化的数学题我们才能从容应对，最终获得胜利！

四、冲刺阶段的数学安排

以我的实践经验来看，在考前 100 天的冲刺阶段，数学需要把握两个方面：一方面是状态的保持，另一方面是查漏补缺。首先说第一方面，状态的保持与重复的套题训练是分不开的。因此，我建议大家，特别是数学不太好的同学，保持每天一套高考题的训练强度。但这样的计划需要和老师的安排结合起来，如果老师能保证大家每天进行一套题的训练，就不用再另加训练。对于数学更好的同学，我的建议是两天一套。一天做选择、填空题等题型，训练速度，训练精确度；一天做解答题，训练步骤，训练解题过程，训练速度。另外一周再安排一次全套的训练。总之我们的目标是花更少的时间保持更好的状态，保持考前的兴奋感。当然如果你有更好的保持状态的方式，这些方式让你在模拟考中有出色发挥，坚持便是。然后我们来谈查漏补缺的问题。在高三的备考复习中，我们既积累了众多知识、方法、策略，也积累了许多小漏洞、错误的认识、不完整的解题步骤。最后 100 天是我们向这些小错误宣战的时候了。首先我们需要让这些小错误充分暴露。我的建议是平常做数学试卷不要进行二次复查，竭尽全力地快速做完。这样的方法不仅可以训练你的解题速度，更重要的是在这样的快节奏和第一印象中极易暴露你很多隐藏的错误。而只有当你知道了这些错误，你才能找到自己冲刺阶段努力的方向，最终解决这些错误，从而获得更高的分数。再谈怎么解决这些小错误，我的看法是：对每一点错误都要回扣教材和考试说明，找到错误的方法、错误的习惯、错误的知识认识的出发点。这一过程相对烦琐，需要你投入一些时间静下心来思考教材、思考过去错误的认知，最终才能实现新的突破，超越自己，获得更高的分数。

数学城堡的构建不是一朝一夕就能完成的，它需要我们持续、稳定地投入精力、时间。数学分数的获得还需要关注自己笔下的每一道题目，特别是每一道错题，更需要自己的信心、恒心和永不服输的精神。数学是我们的工具，我们也应该充分认识数学的作用，不断提高我们的数学知识、数学能力、数学思维甚至是数学意识，只有这样我们才能够更上一层楼，对数学的领悟有一个新的战略层次，最终实现数学学习的成功！

姓　　名：庄一帆

毕业学校：四川省成都市石室中学

高考成绩：总分645　语文108　数学124　英语133

　　　　　理综280

院　　系：清华大学信息学院自动化系

理综成就我的清华梦

众所周知，理科综合300分，是高考中分值最大的一门，如果这一科发挥失常，将会导致全局的失利，所以理综必须引起足够的重视。理综三科的具体学习方法，下面我将分别阐述。

一、物理

因为自己以前动手能力就很强，所以对于很多物理现象都比较有兴趣，自然也就想解释这些现象。也因此，一进入高中就去了物理竞赛班，一年的竞赛学习使我的高中物理有了非常扎实的功底。每当解决一道题，都会有一种成就感激励着自己去解决新的问题，如此往复，题做得多了，思路也就打开了，正所谓量的积累才会有质的突破。学习物理，纯粹是自己的兴趣所致，即使考试不理想，也会努力去学习，从来没有灰心过，高考时也取得了比较好的成绩。物理比较讲究实际应用，高中阶段没有纯粹靠想象的问题，大多物理现象都与生活联系在了一起，所以不要惧怕物理，应该感到很亲切才对。平时就应该多把所学的知识联系实际，做到活学活用，这样才能加深对知识的印象。

高中物理可以分为以下几个方面：运动学、静力学、动力学、能量、动量、热学、电磁学。其中热学比较简单，就一个公式 $pV=nRT$，基本可以解决所有的问题。剩下的几部分有着紧密联系，每一部分都需要熟练地掌握。首先，我们要记住书本上的概念，一切题目都源于书本教材，这一点我们不能忽视。很多同学觉得书本上的概念非常简单，只是记住了一个大概，但在运用时却忘了许多限制条件，例如动量守恒定律的适用条件有一条就是合外力为零，没了它动量守恒定律也就不适用了。对于高三的同学们，复习的第一步就是回归课本，切记不要忙着刷题。其次，要做典型例题并且总结方法，做到一题多解、一题巧解，拓宽自己的思路，这样在碰到真正的难题时才能迅速想出合适的解决方案。觉得自己哪个方面不熟练，就做一些练习题，五六道就可以了，做过后再总结，这样循环往复，便可以很好地掌握某一类型的题目。还有就是重视每一次作业、每一次考试。因为里面的题目都是老师精选出来的，很有代表性，比我们自己找的题目质量要好，所以不要一天到晚只顾着做自己找的题而忘了老师的作业，如果这样做是得不偿失的。我觉得对于高中物理，即使最后一个大题也是有门路的。仅以四川卷为例，最后的大题一定是一个除热学外的综合题，但也无非就是先受力分析，判断是否匀速运动，接着又弹性碰撞，动量守恒加能量守恒，最后或许需要再分析一下运动轨迹，判断传说中无所不能的小物块的最终位置。对于很多题，那些公式摆放的位置都不会发生改变。所以当你们“卡壳”的时候，看看还有什么公式没有用，试着从其他方面想想，可能就找到了答案。

二、化学

我本人其实不是很喜欢化学，只是当作一门必须掌握的学科来学习。因为高考要考，所以也不能懈怠。不要因自己不喜欢就产生厌恶的情绪，要知道掌握化学知识，对于生活是很有意义的，至少食品成分可以大概看得懂。我觉得化学就是围绕着实验现象展开的，当掌握好了实验现象，很多问题就迎刃而解了。

同物理一样，化学也是一门实验性科目，需要通过实验得出结论。但鉴于高中的学习时间与条件有限，不可能每个实验都去完成，所以书本上的很多实验现象必须牢记，例如酚酞遇到碱性物质变红。而且许多实验现象是类似的或者相通的，这样我们就要进行归类，找到其中的异同点。这时候一个笔记本就是很必要的了，好记性不如烂笔头，每当有遗忘的时候，翻看一下笔记本比翻书查找的效率要高。化学最复杂的题目无非是根据现象推导反应和生成的物质，所以化学反应的现象必须牢记。其次便是化学反应方程式，很多反应其本质都是一样的。例如酸碱中和反应，虽然酸碱不一样，但本质都是水合氢离子和氢氧根的反应。了解了反应本质之后，就可以只记住一些基础的反应，其余的便可以自己临时推导，这样既减轻了背诵压力，又提高了正确率。对于书上的一些比较特殊的反应就需要单独记忆，而对于平时做题遇到的，知道即可，没有必要花大量的时间去记。因为这些反应都是随资料出来的，考查的是你对它的理解与运用能力，而不是知识的储备。

高考并不会考查超纲的内容，而是考查你灵活运用已有知识的能力。那些看似超纲的内容实际是已学内容的一种转化，所以当遇到这种类型的题目，不要惊慌，从自己已学知识出发，找到联系点。这样，基本所有“科幻”的题目就都可以解决了。每当完成一道这样的题目，我们应该关注的是“我”如何找到突破口，而不是知识本身。

三、生物

高中的生物其实更加类似于文科，它不需要数学的大量计算，也没有很复杂的推导，唯一像理科的只有遗传部分的患病概率计算。我对生物的态度其实和我对语文的态度差不多，虽然感觉很枯燥，有很多需要记忆的内容，但却很有用。往大了说，作为一个高中毕业生，我们应该对人体有一定的了解，从而能爱护自己的身体，为祖国健康工作五十年。

既然类似于文科，就说明生物有很多知识点，而且知识点很琐碎，分布于书的各个角落，首先需要用“放大镜”去筛。所以课本要多翻，每当自己有不确定的地方，务必查询课本，同时把该知识点记在笔记本上，供最后阶段查找复习。对于生物，不要嫌看书费时间，因为生物的很多题目就是抠字眼，对能力的要求并不高，知识点记熟了，你会发现很多题目就是把一个知识点翻来覆去地说，再把其中的某个字稍做变动。万变不离其宗，如果连书都没有读透，任何的刷题都是徒劳，纯粹是浪费墨水。其次就是错题的整理，错题代表概念不清的地方，也就是容易失分的地方。生物考的就是概念，通过整理错题我们会发现自己知识点的漏洞，这样对提高成绩非常有效。盲目地大量做题其实效率是非常低的，因为对已经掌握的知识点我们没必要再反复地巩固。由于时间有限，对不熟悉的知识点的理解或者记忆势必会受到很大的影响，所以要多总结错题。

综上所述，理科综合的学习，首先要回归课本，如果书本上的基本概念都没掌握，那么到大量练习阶段，你会发现自己漏洞百出，也会感到不知所措，所以要先打好基础。再有就是做题之后的总结，总结的是方法和思路，而不是知识本身。总结一道题的收获远比再做十道题的收获多，而且可以达到举一反三的效果。

高考最后 100 天的学习可谓是整个高中阶段学习的重中之重，但也不必慌张。在这段时间里，想让自己的解题能力再有很大的提高几乎是不可能的，因为这都是前几年积累的结果，我们能做的只是让自己解题更加熟练，知识漏洞更少，心态更好。所以在这 100 天里，我们主要的任务肯定就是做题和看知识点。其实学校每天发的题目已经很多了，我们首先要高质量地完成这些题目，如果还有时间的话，对自己的薄弱环节，可以做些针对性练习，选取的题目以高考题为主，省市的模拟题为辅，其余的题目看看就是了。因为高考题目出的是最规范的，很少会有超纲的或者有漏洞的题目。我高三的时候基本把近六年的高考题和近三年比较好的模拟题都做了一遍（不推荐学弟学妹们照做，后来发现这样做效率比较低），发现有些模拟题不是过于“科幻”，就是题目叙述有漏洞。所以最后的练习应该以历年高考题为主，注重一题多解。至于看知识点，临近高考，重新翻一遍书是不可能的，这时候就需要借助以前耗费心力写的笔记本，那上面应该集中了该科目最易错的知识点。如果以前偷懒了没写，建议去借那些笔记记得比较好的同学的笔记本复印，然后自己反复看。

当解题能力完善和知识漏洞弥补得差不多的时候，调整心态就显得非常重要了。临近高考切记不能慌张，即使你有一万个问题，也要一个一个去解决，到高考时，解决几个算几个，如若慌张，一个也解决不了。还有不要去想高考这件事，更不要去想高考如果考砸了怎么办！我们没必要杞人忧天，只要关心当前的复习、当前还有哪些问题需要解决，因为对于没有发生的事情，我们无法提前完成，我们能做的只是高质量地完成正在发生的事情。要相信自己这么多年的努力是会有回报的，对自己的实力要有信心。老天爷是公平的，当你付出了这么多是会有回报的。100天，非常短暂，我们稍微一点的松懈都会让其白白流逝，所以这时候更没有精力去担心未发生的事情了。对于那些过于紧张的同学，应该适当地放松一下，弦不能绷得太死了，一是效率太低，二是容易造成精神错乱。比如看看自己喜欢的杂志或者出去跑跑步，这些都有助于缓解压力。不要吝啬休息的时间，看似这段时间没有学习，其实下个阶段学习的效率会相当高，我们追求的是效率而不是时间的多少。

合理的休息是必不可少的。在百天冲刺的时间里，应该保证充足的睡眠，熬夜是没必要的。我以前一般是六点四十起床，中午睡半个小时，晚上十一点半准时睡觉，这样基本可以保证我白天有充足的精力去解决问题。如果晚上没有休息好，第二天注定是头昏脑涨，复习的效率会非常低，完成相同的复习任务所花费的时间也会更长，形成一个恶性循环，而且在这种状态下的复习质量比较糟糕，难以达到预定的效果。还有作息要有规律，我觉得宁可把未完成的任务放在第二天，也要按时睡觉。当然，尽量不要出现这种情况，这就要求我们复习要有效率，前一天的充分休息就是其必要条件。

经过一年的准备，来到了最后一关——高考。如果说不紧张，那肯定是假的。面对高考，内心是既兴奋又焦虑，兴奋是因为要解放了，焦虑是因为这好似一场“赌博”，没有人知道结果。夹杂着这两种心情，我上了考场。发卷之前的那段时间，脑子里一片空白，心里有一种莫名的恐惧，但很快理智占了上风，心里想着把高考当作自己的舞台，展示自己的实力，自己是最优秀的，这样信心和冷静就又回到了身边。考试开始，按照自己的节奏完成每一道题。当遇到难题时，如果五分钟之内没有思路，迅速跳过，不要纠结于此，相信我难别人也难。不要去想别人是否做出来了，“大牛”始终都是存在的，但只是极少数，对绝大部分人最后的大学录取是不产生影响的，顶多是你报不了最热门的专业。与其把时间花在难题上，不如给简单的题足够多的时间，保证不丢分。高考比的是总分，而不是你做对了几道难题，考完试发现简单题失分才是最大的遗憾。有点小紧张是可以的，适当的紧张有助于更好地发挥，关键是要相信自己的实力，注意细节和保证计算的准确率，时时刻刻提醒自己。

祝愿大家圆梦！

姓　　名：吴天悦

毕业学校：上海市七宝中学

高考成绩：总分526

院　　系：清华大学社会科学学院心理系

学习语文的技巧、心态和考场发挥

说到学习语文，可能不少语文好的同学都会摇摇头，觉得学习语文没什么方法，自然而然就很好；而语文不好的同学则会非常苦恼，因为他们觉得似乎语文的学习无法用“技巧”来弥补。有的时候甚至觉得语文根本没必要复习，裸考也能考好，有的时候甚至是无意，语文成绩会突然一落千丈，有的时候又会突然崛起。如何学好语文，如何稳定语文成绩，如何做好语文的复习，如何做到临阵不乱，如何游刃有余地做完一张题量极大的语文试卷：这些，就是我想讲的有关语文学习和考试的技巧和方法。

首先必须要明确的一点是，学习语文是必然有方法的，也许自身的语文成绩不能在备战高考的日子里有所提高，但是应付语文考试还是很有可能的。

对语文成绩不太好的同学来说，如果你的其他成绩已经不错了，请你毫不犹豫地放下刷题的笔，不要以为其他的好成绩可以补救你的语文，在顶尖的较量中，少一分就是少一分，别的成绩再好都可能会被这瘸腿的一门拉下水。更何况作文所占分值之大，很有可能一个偏颇就拉开十分的差距。语文的重要性就在于，它很少能帮你拉分，却很容易拖你的后腿。

针对语文成绩已经不错的同学，如何保证你的语文成绩每次都稳定，让你无后顾之忧，不拖后腿，有时甚至可以成为你意料之外的助力，这是一个很重要的问题。很多同学都出现过一上考场大脑一片空白的情况，导致无法准确审作文题，把握不好时间。这对语文好却无法正常发挥的同学来说是很可惜的。下面我就来谈谈这些问题。

一、如何挽救语文

高考是一场"一考定终身"的考试，所用的方法有时候是具有一些功利性的，无论哪个省市都是这样。我这里介绍的既有一些针对高一、高二学生的培养型方法，也有针对高三学生的高效的方法。如果你是高一、高二的学生，恭喜你，你还有很多的机会。建议大家最好先练练字，卷面永远是一个很重要的因素，尤其是像语文这种主观性很强的科目，印象分会让你有意外之喜。

挽救语文第一步，陶冶性情型：积累。语文试卷的大头无非两项：阅读和作文。如果你想挽救你的现代文阅读，首先可以多读一些经典名家的小说，中篇或短篇为佳。注意小说中的伏笔和线索，注意体会作者描写人物时蕴含的情感，注意通过人物心理活动描写来推测这个人物下一步的行为。渐渐地，我们就可以慢慢学会揣摩作者的心意，当我们可以做到通过前文推测这个人物下一步的行动时就说明已经懂得了“揣摩”二字，而现代文阅读的精髓就是揣摩。然后可以开始读一些散文，仍然利用之前学到的揣摩的方法，通过作者的语气、用词、句式来揣摩散文中作者的情感和想表达的内容。散文一般都是有深意的，体会深意往往也是现代文阅读经常考查的内容。如果你的薄弱部分是文言文，也不用慌张。买一本《文言文精编》之类的书，里面有三百来篇文章，全是小故事，每周做三篇，从特殊字词解释（陌生词汇、古今异义、特殊含义等），特殊句式，虚词和可以化用的典故四个方面进行总结。我高一的时候做完了这本书，真是受益匪浅，高三的时候明显感到当初积累的作用，三百篇做完后，原本记下来的字词句意可能也都不记得是什么了，但关键的是三百篇做下来以后的手感和语感。以至于我高三的时候文言文阅读从来没有被扣过两分以上，断句题除句子有歧义外从来不出错。这完全是靠自己的积累。等到高三再去做这件事，先不说工程浩大，也无法积累出如此手到擒来的语感。

如果你的作文是大问题，在高一、高二的时候，有意识地积累绝对是必不可少的。我在前面提到，做文言文时不妨记下那些可以化用的典故，这些都是写作的素材。相信老师们也都会布置摘抄的作业，同学们切记要认真对待摘抄，等到高三，每到考语文前，把积累的摘抄从头到尾翻一遍是我必不可少的复习步骤。

挽救语文第二步，功利型：巧妙利用。有了积累，就要学会巧妙利用已有的武器。做每一篇阅读的时候都不可天马行空地乱写，每一篇被选来做考试阅读的文章一定有独特之处，出卷老师不会出那些只需要套一套思路就可以写出答案的题目。一定要记得运用揣摩的方法，顺着作者的思路往下想。题目中出现了文章中的词句一定要返回原文中找，题目中需要我们体会的地方一定要带到原文中去体会，入乎其内又要出乎其外，既要进入文章，顺着作者的思路想，又要跳出文章，从高空俯瞰，把握全局。

因此我建议，每次做阅读的时候，先抛开一切学过的答题套路，只是泛读文章，然后带上揣摩的心思，开始慢慢地读文章。这时候，每当读到一些别有深意的地方就要开始警惕了，要顺着作者的思绪往下读，就好像这篇文章的作者是你。两遍读完之后，开始做题，每做一题就去找与该题相关的段落，并把段落所在的上下文一并来读，防止以偏概全。做题时千万不能抛开原文，不能凭着自己的直觉写，因为我们的语感还没有好到这个程度，必须有意识地揣摩才行。

做文言文时，把每个虚词都圈画出来，这样有助于理清语序，方便断句。有的时候，即使没有读懂这篇文言文的意思也不要着急，因为很有可能题目和意思没什么关系。如果有一两个实词从来没见过，但是却让你写含义，就更加不用着急了.因为考查学生完全不会的东西是没有价值的，所以你一定可以通过上下文推断出这个词的意思。只有这样，这个题目才有价值。

挽救语文第三步：高三功利法。如果你已经高三了，之前说的方法都基本不切实际了，那么这个方法是最功利也是非常有效的：刷答案。语文固然不像理科刷题效果好，但是刷答案却是很有效的方法。每做完一套题，把参考答案抄一遍，然后体会你的答案和参考答案的区别在哪里，总结参考答案的答题模式。语文的答案虽然内容各种各样，但是答题的模式却是极为相近的，比如都要回答描写了什么内容，体现了什么情感，在结构上起了什么作用，在内容上有哪些特点。总结出有相似类型的答案的题目，并记住这些答案的组织模式，只要理解还算到位，几个点答到了，又由于语文是踩点得分，就基本可以不被扣分了。

二、如何稳定语文

这是针对已经有不错的语文成绩的同学来讲的。稳定语文成绩的关键在于心态。语文学习是一个过程，你掌握住的就是你的，但有时忽高忽低的成绩（先不谈作文）不是实力的问题，而是心态。心态指导下行为的直接体现，就是思维的缜密程度。所谓思维的缜密体现在答题的方方面面。比如，选择题漏看关键字眼，考完痛心疾首；默写名句时突然大脑一片空白，错失到手的分数；古诗赏析因为漏看注释或者没有留心某些字眼而一分不得；做现代文时思维短路不知道该回答什么，到处被扣分，最后就所剩无几了。

在平时语文无大碍的情况下出现以上情况都是心态问题，焦灼状态下人的注意力无法集中，就往往会出现错看、漏看题目的情况。因此，考试之前不妨喝口冷水冷静一下，拿到卷子，首先做名句默写题，利用这个不需要动脑子的时间平静一下心情，再开始答其他题。一旦开始做阅读就要把心放在文章里面，不要再想其他的东西了，把自己的思路和作者的思路融为一体，无论答什么题目都从原文的角度去想答案，不能主观臆断。

当碰到答案模棱两可的题目时，千万不要紧张，不要总逼着自己立刻选出一个答案来，也许后面的题目反而会给你点启示。但是一篇阅读做完后，最好能把这一篇的答案都填上，因为在紧张的两个多小时中语文是很难能留出时间来慢慢复查的。

作文的临场发挥更是要守住“稳”字，千万不能一味求新求奇，成则已，不成则会害了自己。稳中求变才是作文高分的王道。写作前，首先要平心静气地审题，既不能因为做过类似的题目而沾沾自喜，也不能因为看上去难就丧失信心。做过的，一定要忘记以前是怎么写的，完全把这个题目当成新的题目，等自己确定了新的思路以后，反倒可以想一想当初自己是怎么写的，哪些例子可以继续用，是否可以借鉴一下以前的思路。人不可能写出两篇一样的文章，照猫画虎很可能不伦不类。

三、重视考前复习，切忌裸装上阵

我以前凭借自己文科好，考前很少用心复习，但是到了高三以后反而觉得语文考试前的复习必不可少。进入高考备考阶段以后，所有的模拟考试中语文永远是第一场考的，因此，考前的晚上和考语文前的早上都最好只看语文。看什么呢？

（1）语文课本中的重点篇目的大意，了解其中的人物形象、作者形象，防止出现联系课本内容时自己完全答不上话的现象【前一晚】。

（2）背诵篇目。晚上主要是抓易错字，写在纸上【前一晚】；第二天考前一定要仔细看这张纸，再将古诗文都默背一遍【当天早】。

（3）整理过的古文典故，最好能总结成词，方便自己记忆，并灵活运用【前一晚】。

（4）重点：自己曾经做过的摘抄、剪报，作文积累的素材。一边复习一边想，这些素材应该如何运用【前一晚细看，当天早略看】。

（5）重点：自己整理好了的答题模式【当天早】。

以上是我总结的多年语文学习的经验，而我自己也一直因为这些方法受益匪浅。希望看到这篇文章的学弟学妹们能真真正正地运用好技巧和方法，不要怕麻烦，做到不抛弃，不放弃。

机会永远垂青有准备的人。当你费尽功夫准备了这么多以后，有一天自然会有“馅饼”砸中你，清华、北大根本不是梦。

姓　　名：任浩楠

毕业学校：中央民族大学附属中学

高考成绩：总分661　语文117　数学133　英语131

　　　　　理综270　加分10

院　　系：清华大学材料学院

注重细节，突破英语

我的英语底子还是不错的，只是在由初中向高中过渡时，没有应对好英语这一学科的变化而导致英语成绩直线下降。幸而到了高二，文理重新分班，我有了新的英语老师，她帮助我克服了许多困难，于是我凭着一股不服输的韧劲努力地学习英语，终于使自己的英语成绩稳步上升并名列前茅。所以，我觉得英语确实是一门凭借汗水和智慧就能学好的科目，因为我能，你们更能！

首先，我想先跟大家分享一下我的复习经验。英语一科的复习可能是大家倾注时间最多的科目，它和语文一样，要靠平时的积累。学习英语需要做到每日读、每日写，因为这是一门需要一定记忆密度的科目。如果你以日或两日为单位来复习英语，那我劝你改成每日分散时间复习，因为这样你在英语上花的时间差不多，效果却更显著。我在高三时就对自己十分严格。比如说我每天都会做英语听力，选取的是有针对性的强化练习的高考听力模拟试题，我甚至会在做完听力后复述听到的内容来提高口语表达能力；又比如我每天限时完成 3 ～ 4 篇 400 字左右的阅读，并在之后整理出文中的高级词汇及短语为我的作文所用。就因为我能每天都抽出时间复习英语，我的英语成绩才能逐步上升并在后来居高不下。

在复习阶段，我认为课本还是很重要的。前面说了英语是需要每日读的科目，那么每日都读些什么呢？我认为最好的便是课文了。我曾把初中、高中的课文全部背诵了一遍，听起来很吓人，但由于课文是已学过、读过，并且大部分背诵过的，所以工作量并不算太大。为什么非要背诵呢？背诵的目的是培养对外国语言的感应能力，即“语感”。一旦形成初步的语感，做题便比较得心应手了，正确率也比较稳定，这是一个有效的速成法，供大家参考。此外，还有不少提高语感的方法，如每天抽出半小时（最好在早上）坚持读读或背背做过的完形、阅读等，虽然短期内可能看不出效果，但是坚持下来就会有明显的体会。因为这不仅能帮你较快地提高语感，还能帮助你回忆起曾经做过的题并警示你曾经犯过的错误。又或者在课外时间找一些英文发音的好莱坞大片或一些有趣的美剧如《生活大爆炸》等来看。这并不是要求你要听懂每一词每一句，只是希望你能在观看中感受他们的思维方式与发音方式，从而获得在课堂上学不到的语感。

课本还有一个用处，就是可用来梳理语法。通过课本梳理从初一到高三的语法，注意归纳分清各种时态、语态的变化，并将从初中到高中的课本上的常用词组、重要句型、重点词的惯用搭配等做系统的整理。尤其是动词、形容词的用法，可以通过归纳的方法来自己梳理并记忆。例如主要动词和不同介词搭配各有不同的意义，如与 get 搭配的可以有 get on、get out、get in、get off、get up、get over、get across 等。整理完后你必须把它们读熟，能背下来最好。这项工作的工作量比较大，但不要怕难。因为通过这种方式可以扫除你的知识漏洞，也因为这是提高英语能力包括应试能力的一个非常有效的手段。

当然，语感好、词汇量大并不意味着英语考试一定能考好，但一定可以为我们学习这门语言打下很好的基础。不过要想在考试中取得好成绩，还需要些其他技巧。下面我就根据我的高考试卷结构来跟大家分享一下我的应试技巧。

首先是考试的时间安排。英语考试试题很规范，每一部分题的数量、分值都是固定的，所以每一部分在考试中应用多少时间也是有规律可循的。盲目做题而不注意时间分配就好像只砍树而不磨刀，效率肯定不高。我的经验是，单项选择 15 道题用 8 分钟，完形填空 20 道题用 14 分钟，阅读理解 4 篇加上七选五共 20 道题用 35 分钟，情景作文跟开放性作文合起来用 35 分钟，最后用 5 分钟检查答案填涂正误。若是在答题过程中遇到难题，有时放弃一两道难题能为你争取更多做对其他题目的时间。

我认为，单项选择题考的就是语法和情境，这些是比较死板的东西，却是有规律可循的。如单项选择中常用的介词 across 和 through，它们都是通过的意思，但 across 多指横着通过或横跨，而 through 指直着通过或穿过其中，所以船通过桥就用 across，而火车通过桥则用 through。练习单项选择时，可找出以前做过的试卷或练习，看看以前在单选上犯过的错误，以免重犯。做题时我经常采用排除法、还原法、简化句子结构法等方法。还有就是做题时要相信直觉，不要改来改去，因为在语言方面，有时第一感觉更准确。

然后就是完形和阅读，许多人采取题海战术，我觉得没有必要。与其单纯扩大做题量，不如提高每次做题的效率和质量。每次做完都要仔细分析总结才行，不仅看自己做错的，也要看自己做对的，并分析原因。对于在完形填空和阅读理解中所犯的错误，我总是要反复推敲，为下一次做题积累经验和教训。这样每做一道题都有收获，下一次便能举一反三，取得事半功倍的效果。

完形填空考查的是在特定语境下综合运用语言的能力。我认为应首先看懂文章的第一句，接下来快速浏览全文，然后边研读边根据上下文、逻辑、常识、语法知识等对选项进行初步推测，最后通读全文，再从阅读的角度看所选选项是否能使文章通顺、符合逻辑。在训练中要牢记应试原则：瞻前顾后、上下求索、左顾右盼、首尾一贯。在日常学习中要做到：注意重点词组、习惯用语和常用句型的积累与应用；注意词汇的使用范围和同一词汇在不同语境中的不同含义；常读、常思、常悟、常总结，以阅读带动完形填空能力的提升。在高三复习时，最好每天做 2 篇，两个月下来，一定会有所提高。还有考前高强度训练法，即在考前 3 天每天连做 10 篇完形，我相信，你在考试时一定会惊喜地发现自己的完形答题能力有了显著提高。

阅读理解其实只有两大类题目：细节题和主旨题。前者要求必须读懂文章，然后仔细地寻找文章中的信息，没有捷径可走；后者以考查深层次理解为主，如归纳主旨大意、猜测词义或句意、判断推理、理解作者的写作意图和基本态度、文章题目理解等。高考中该题型的题材丰富，体裁多样，所以在平时备考时就要养成好的习惯，如精泛结合、扩大视幅、不点读、不出声读、不过多回读；能根据上下文猜词、乐于分析长难句、坚持做好读书笔记、不断扩大词汇量等。高三时应保持每天不少于 2 篇短文的阅读量，训练中要以限时阅读为主，自己要把握好速度和准确度的关系。在做题过程中要逐渐做到：快读文章笼统抓大意；回读文章对应答好题。快读文章不仅容易获得文章的主题思想，而且可以减少生词多对阅读的影响。所谓“找对应”就是在明确文章表达的中心后，带着问题回读文章，找到相关信息，把 A、B、C、D 4 个选项逐个与原文对照，认真分析，通过排除或对比来获得答案。这样既能减少阅读量，又能减轻阅读压力，从而提高阅读的信心和效率。

我建议大家在平时多读一些原版的英文材料。广泛地阅读不仅可以提高自己的理解能力，对写作也有很大的帮助。而且，读书还会给人以思想上、精神上的快乐，可以提高人的修养，陶冶人的情操，是一件受益终生的事情。

在英语 150 分的满分中，阅读占了 40 分，故有“得阅读者得天下”的说法。因此，我建议广大考生在复习迎考时，一定要把阅读放在第一位。不要由于见效慢就心灰意冷而轻言放弃，要有学好的自信。要多做些阅读题，尽量对每一句话都读懂读透，读懂其中很微妙的深藏的东西；碰到生僻的单词也不要立刻查字典，而是应先根据上下文揣摩，以免养成懒惰的习惯。

剩下的就是英语作文了，英语作文在试卷中共占 35 分，是比较容易得分的题型。要想提高英语作文水平，一方面要背课文，另一方面可以从造句开始，逐步构造复杂的句子，再发展到写段落、篇章。千万不要因为不自信而用“翻译法”来写作文，即先写中文底稿，再译为英文，因为这在考场上十分费时，而在平时对英文水平的提高也没有好处。

在日常训练中，你需要熟悉各种题材、题型（如书信、日记、发言稿等）的特点和要求，背诵常用的词汇、句型、文章的开头、结尾和优美的段落，多进行仿写、改写，并养成良好的书写习惯，做到卷面整洁优美，大小写和标点符号运用正确。一般来说，我的写作便是按照七步写作法来创作的：一审（审定人称、主体时态、格式）、二定（确定主题和结构）、三列（列出简明要点）、四连（连词成句，连句成文）、五美（综合运用过渡语的使用、长短句的搭配、倒装、非谓语动词、强调句型、独立主格、复合句的使用、高级词汇等手段进行美化，以达到地道、流畅、一气呵成的效果）、六查（检查大小写、标点、时态、语态、主谓一致）、七抄（将草稿快速、工整地誊写到试卷上）。

以上就是我复习英语的经验及应试技巧，希望能对你们有所帮助，最后祝高考顺利！

姓　　名：蒋思越
毕业学校：中央民族大学附属中学
高考成绩：总分668　语文126　数学137　英语132
　　　　　理综273
院　　系：清华大学电机工程与应用电子技术系

用心去热爱，用心去感悟

——语文篇

转眼间，来到清华园已经一个学期了，再回首高三那段忙碌且充实的日子，简直如梦幻一般，在我心中竟然如此美好。

自己再也不可能重新经历一次那样的高三了。不过，那段过程中，自己的一些学习方法、心得体会，我觉得拿出来和更多的莘莘学子分享，一定是一件于人于己都有利的事情。

我是一个理科生，高考有四科：语文，数学，理综，英语，这个顺序就是高考的科目顺序。我着重想跟大家分享一下语文的学习方法，相信这也是最让大多数理科生头疼的一门学科。

我为什么要谈这一科呢？是因为我语文学得特别好吗？其实不然，这一科是我刚进入高三时，高考四门科目中最没有把握的一科。相信很多理科生都有着做题的天赋，一看到数学、物理题就能激发自己极大的兴趣，全身心地投入去解决，结果当然不会遇到太多阻碍。也就是说，经过高三一年的磨炼，大多数的理科题目都能掌握得很好。而这时候烦恼来了，语文、英语，就像两个拖油瓶，使劲地扯着自己的后腿，让自己的总成绩不够理想。而语文，作为自己的母语，对自己的影响显然更为巨大，特别是作为高考的第一科，这一科的发挥直接关乎自己的心态调整以及后面考试的发挥，所以极其重要。

相信大多数考生也明白语文的重要性，也非常想提高自己的语文成绩。可是，语文，究竟怎么学？它不像那些理科，有固定的题型，固定的方法；它没有固定的答案，却有一个讨厌的“酌情给分”；它没有固定的解题套路，却一定要你答得像模像样。你迷茫吗？是的，我也曾经迷茫过。对比数学，我的圆锥曲线方面的内容掌握较差，我可以翻出习题册，做很多这一章内容的习题，并把不同的方法记录下来，久而久之，考试时遇到一道圆锥曲线的题目，你的脑海中立马有了几个不同的解题思路，一个个去尝试，总会解决它。反观语文，我说我阅读不好，于是我做了一整本阅读题，结果自己的答案和标准答案总是有着天上地下般的差异。于是自己坐不住了，想着与其浪费时间在这上面，不如多做几道数学题来得靠谱。就是抱着这种“破罐子破摔”的心态，放弃了语文，语文自然也放弃了你。

如何避免这种情况呢？从根本上说，你要对这门学科足够重视。按理说，这种重视应该从高中一入学就开始，但我相信有很多人都忽略了。我相信，任何有志于考清华、北大的学生，其学习成绩应该都是不错的，而且其语文学习应该在之前的小学、初中学习过程中有较好的基础。到了高中，其他科目的变化很大，唯独语文似乎还和之前保持一个轨迹（其实语文就是这样，在不知不觉中变得高深）。于是，自然而然地，你把心思花在了其他科目上，却忽略了对这门学科的深入学习和提高。虽然你没有怎么学，但每次考试你的成绩好像都还不错，于是你更不会在意了（注意，这都是因为你以前有着较好的基础。换句话说，你有吃老本的嫌疑）。不过，这种情况久了，最终差距总会被察觉，而且到了高三，很多学校的老师都有压语文分的传统，于是，你的语文短板似乎就在一夜之间暴露无遗。那么，这时候重视它还来得及吗？我要说，这是当然的，不然我写这篇文章做什么呢？

前面说了这么多，语文的重要性在你们心中一定也有了概念。其实这真的是一门需要引起足够重视却被很多人忽略，但最后高考所占比重又极其大的学科。前面那么多的铺垫，我只想说明这么一个道理。我希望你们从这一刻开始，能将语文当作一门全新的学科，用心去热爱，用心去感悟，因为，重新审视这门学科，你能收获不少东西。那么，第一点，和任何一门学科一样，你需要做的第一件事情，就是重视基础。语文要想得高分，基础题一定要保证满分。对于高考北京卷的语文题，基础部分是指前面的选择题部分，一共 9 道，还有后面的文言文断句以及古诗词默写，这都是要保证拿满分的。这一部分的题目简单，但是容易出错，就好像数学前面的选择题一样，丢分觉得十分可惜。而且，3 分一道的选择题，对于语文而言，分值算大的，有时候后面一道阅读题的分也就那么三四分。如果你比别人多错一道选择题，后面就需要多比别人答对一道阅读题才能保证你们分数相当，这个难度可想而知。所以，选择题就应该重视，做到拿全分。基础部分，像字音字形、病句、文学常识等，在高三一轮复习的时候，老师一定会让同学们做一定量的练习。但之后，由于其他部分复习的需要，而且这一部分占的比重比较小，老师可能很少会带领同学们回顾复习。这时候，就需要你们自己去不断巩固了。我建议同学们自己买一套语文基础题手册，每天或者每隔两三天就做一套选择题。说实话，这真的不耗时间，早上上课前，晚饭后上晚自习前，或者抽出一两个课间，你就可以解决，而且错题一定要记录下来，做上标记。不过切忌一次性做很多同类型的题目，这样会由于题型单调而增加自己的厌烦感，也不利于记忆。从现在开始. 坚持去做，就算时间是高三下学期了，你也来得及，因为，你毕竟是有一定基础的。文言文也是一样的思路，每隔几天一定要做一篇文言文阅读，而且，做题时一定要留心看看这几道题考的什么内容，是实词还是虚词，是用法考查还是解释词义？做得多了，你就会发现，有些词出现的频率很高，那么，记住它，记住它的几种用法，下次遇见它，一定可以很快地得到正确答案。其实我建议大家在平时做练习时搞明白每一篇文言文的每一句话，也就是翻译全文。就算不写出来，也要在心中翻译一遍（当然考试时不需要），这样你对文言文的掌握一定会再提高一个档次。

第二点，认真听老师讲课，认真对待老师发的每一套语文卷子。不知道大家有没有这种感觉，早上的连堂语文课，困；下午的连堂语文课，还是困；晚上的语文自习，直接睡着了。好像一到了语文课，整个人就松懈了，也许这是大家对语文一贯的慵懒态度吧。可是，到了高三这个节骨眼儿，这个坏毛病得改一改了。不要高看自己，你的高三语文老师，对高考语文的了解一定比你多，他们一定有一套自己的解题方法，能够高效快速地解决问题。认真听，就算听后尝试了，发现不适合自己再放弃，也比直接睡觉强得多。还有，自己一定要认真独立地思考和完成语文试卷。我相信，作为一个理科生，每当有数学卷子或者物理卷子发下来时，你们会立马动笔演算，但是当语文卷子发下来时，特别是上面还有阅读题时，你只会瞪着卷子发呆。要么草草写两句，要么拿过来同学的卷子借鉴一下，要么干脆一笔不动，等老师第二天讲。对语文，如果你没有像对其他科一样的热情，你又有什么资格要求它以优异的成绩回报你呢？

第三点，学会揣摩出题人思路，做最正确的作答。这一点主要是教你如何答阅读题，诗歌鉴赏、说明文阅读、散文阅读都适用。其实老师在讲阅读题时，往往不会直接说答案，而是先分析文章内容，总结中心思想、作者情感之类，然后由这些入手，分析阅读题目，引导学生得出一个合理的答案。把这个过程简化一下，就是由已知（文章）得出中间条件（中心思想、作者感情），再由中间条件推导最后结论（题目答案），这其实和解理科题的方法很类似。不过，不同的题目需要不同的分析方法，如果你不听老师的讲授，能自己领悟定然是好的，但是我觉得大多数人没有这个天赋，上课听讲就极其重要了，所以再次强调第二点务必要做好。如果你直接记答案，很显然下次你还是答不对阅读题。做一个简单的类比，你遇到一道圆锥曲线题目，求交点，答案出来，你记住交点是什么了。若下次再来一道，肯定不会再让你求这个交点。一样的，语文也需要一个分析的过程才能得出答案，而这个过程就是揣摩出题人思路的过程，出题老师想让你答什么，你一定要明确，不要偏离方向。

我觉得有些同学会问，这应该是揣摩文章作者的思路，怎么会是出题人的思路呢？我不得不说，语文有些地方确实很不厚道，不知道大家有没有在网上看到过网友制作的小沈阳吐槽语文阅读题的一幅组图，确实尖酸刻薄。那些所谓的文章深意也许文章作者当时根本就没想表达，是我们生搬硬套一定要扣在作者脑袋上的。而为什么会这样？因为出题人设计的答案就是如此。所以，与其去想作者当时怎么想，不如换位思考一下，假想自己是出题人，会如何给考生出题。这样，你的思路往往会更加清晰。

第四点，也是最重要的一点，多跟老师、同学交流方法。这一点尤其适用于作文。对于语文考试，如果你能写出一篇优秀的作文，那么你的语文分数一定不会低。但是，很多时候，你觉得自己精心打磨的一篇文章，在老师那里只能得到一个很低的分数。这时你也不要灰心，应积极找老师交流，找出问题。不论哪一次考试，只要有作文，就一定要找老师不停地修改，除非你的作文已经很好。高考作文一般是以议论文为主，这也是老师们的一致推荐。很多理科考生抱怨写作文这种东西不适合他们，和文科生相比会吃很大的亏。其实不然，议论文说理性强，正适合理科生，而高考是以议论文为主的，这样看来，是理科生占了巨大的优势。关键是如何写好一篇作文。平时老师肯定会发一些同学的高分范文下来，多去琢磨，为什么这些文章能够得到很高的分数？亮点在哪儿？有什么值得学习借鉴的地方？千万不要随手丢弃，那都是宝贵的财富。有的写一个历史人物，十分出彩；有的诗句运用十分娴熟，给人耳目一新之感；有的通篇文言语句，技压群雄。这都是藏在你身边的高手，与其抱着作文素材看，不如看看他们的文章，我想对你的帮助或许更大。另外，千万注意，不要跑题。如何不跑题？揣摩出题人的意图，在这儿就又用上了。多和老师讨论讨论作文题，特别是改作文时，你可以请教你们年级不同的老师，他们的思路不可能完全一样，或许某个老师的看法对你就有帮助。总之，不能一个人闷头学习，身边的资源要学会利用，而且是最大限度地利用。

最后一点，保持一个好的心态。我想这不只适用于语文，也适用于其他学科。成绩一开始没有提高不要紧，只要你一直在坚持认真做题，不断和老师同学交流方法，你一定会有提升的，着急只会自乱方寸。举个我自己的例子吧，一模、二模我的语文成绩只有一百零几分，当时虽然有些担心，但我仍旧相信我的方法是对的（其实到了当时那个阶段，你也只有这样想才能让自己有信心），并且毫不松懈地对待每一次的语文小测试，作文也不知道找老师修改了多少次。正是这种虚心的态度和不懈的坚持，让我在最后高考时以 126 分的语文成绩拔得头筹。那么，如何保持一个好的心态，一个坚持不懈的心态，一个上进的心态呢？我觉得，你需要有一个目标作为依靠，作为支撑你继续下去的信念。这个目标可以是，我想考清华、北大，只是单纯地想考清华、北大（当然这是对于那些“学霸”而言的）；也可以是为了一个重要的人，我想要变得更加优秀，让他（她）认可。这个目标一定要对自己极其重要，才能激发出自己的潜能。即使到了后来你发现一切都变了，你曾经努力追求的目标，其实根本不属于你，但你仍然不会后悔，因为当时你所经历的点点滴滴，会让你在今后的人生路上越发成熟。

说了这么多，我希望我的方法能带给大家一些帮助。大家可以尝试我的方法，但更重要的是要在模仿中去吸纳，这才是一个真正会学习的人做的事情。还有一点，时刻保持自信，高考不可怕，我们复习了一年，已经做好了充足的准备。征服高考，相信，你也可以做到。

姓　　名：伍　洁
毕业学校：中央民族大学附属中学
高考成绩：总分658　语文115　数学133　英语130
　　　　　理综270　加分10
院　　系：清华大学协和医学院

完虐理综，清华不是梦

高中这三年艰辛的高考之路，不仅洒满了我的眼泪和汗水，也在最后的时刻开满了胜利的花朵！我只是一名普通学生，却因高考而不普通，在此，我想跟学弟学妹们分享我的成长历程以及一些学习经验，希望能对你们有所帮助，使更多的人实现自己的清华梦！

初中时，我的理科天赋就渐渐显露出来，我喜欢物理、数学、化学，却对历史、政治、地理不甚感冒。到了高中，我在文理科上的成绩差距越来越大，文理科排名竟能相差两百多名（整个年级共六百多人）。也是由于这显著的成绩差异，文理分科时我毅然决然地选择了理科，而事实也证明了我的选择是正确的。

关于理科综合的学习方法，我觉得应该分开来讲。

物理篇——重在平时，重在心态

物理是理综中所占分值最高的科目。在理综合卷考试前，物理的选择题都是不定项多选题，难度比合卷后大，考试占分却比合卷后少。这是因为合卷前的选择题数量多，要考的考点多，而合卷后的选择题数量少，要考的考点也相对较少，经常是几个考点会合在一道选择题中。我认为，高考时备考考点很重要，因为考点就相当于出题人给你透露的信息，能看懂考点是对学生最基础的要求；其次就是能从题中看出考点，知道这道题想考你什么，考的是哪个知识点，然后更高一级的要求就是熟背考点，不仅要熟记考点是什么，甚至考点是第几条，考试要求是第几级都要记住。也许你会觉得这样的要求过于苛刻，但是我想说的是，如果连区区几十或者一百多条考点你都没有勇气或者毅力去征服，你怎么能配得上去做清华、北大的名校梦呢?

开始的时候，我也感觉记考点、背考点麻烦，很耗精力，而死记硬背又不能让我记得快、记得牢。于是，我睿智地将考点与考题结合在一起，不管大考小考还是模拟考，考完后试卷发下来，我并不急于看分数和排名，而是先将考卷与考试说明上的考点相对应，在每道考题前标出所考的知识点，并根据自己的答题情况检查自己对这些知识点的掌握情况。利用这种方法，每次考完后，我都能找出并改进自己的不足。同时，由于脑海中每个考点都有生动的考题对应，我背考点的速度越来越快，记得也越来越牢固。我认为这确实是一个一举多得的好方法，在此向大家推荐。

高三备考时，心态是十分重要的，考试所得的分数和排名反而并没有那么重要。考得好就欣喜若狂，沾沾自喜，而错失了使自己进步的机会；考得差也无心于自己所犯的错误，不愿再去面对凄惨的试卷，若一味地悲痛欲绝，哭天抢地，反而会使自己越考越差。对于做对了的题，你不需要沾沾自喜，因为别人也能做对，甚至能做得比你更好；而对于做错了的题，才更需要引起你的高度注意，因为你这次做错了，下一次，甚至下下一次，很有可能还会做错。人不能在同一个地方摔倒两次，同样的，你也不应该在同一道题或同一个考点上出两次甚至更多次的错！

至于物理大题，我觉得需要先从简单的、经典的模型题做起。在脑海中建立起各种简单的物理模型，并能灵活地运用物理模型来解复杂的题。经典的物理模型有很多，比如小滑块验证动能定理的模型、弹簧验证动量定理的模型等，而这些经典的物理模型有很多都被用于设计实验或者验证定理，所以牢记这些物理模型也能帮助你提高做物理实验题的能力，所以这也是个一劳多得的好方法。

对于看起来比较难、题目比较长的物理大题，首先要做的就是告诉自己不要心慌，这些只不过是障眼法，其实跟普通的题没什么两样，并告诉自己一定能做出来。这就是所谓的正面鼓励法。你可不要小瞧这种心理暗示，它不仅能让你保持冷静，正常发挥，甚至在高度紧张的考试状态下，你很有可能超常发挥，做出平时你做不出的题！有了良好的心态，接下来要做的就是将题目肢解：舍弃无用的部分，如背景介绍等；找出有用的部分，在我看来，也就是各个不同的运动阶段以及题中所给的物理量，并迅速在脑海中形成动态画面。我认为，最好的读题方式就是边读题边将题中所描绘的场景画出来，并顺手在旁边标出各种已知量。这样不仅能简化题目、节省时间，还能将条件要求看得更清楚，更易于找出题中的物理模型。对于复杂的题，我认为，它复杂的原因就在于题中的物理模型数量多、种类杂。如果能用图将题目完整清晰地表达出来，找出不同运动阶段所对应的物理模型，那么这道题也就被成功地肢解了，同时难度也降低了，你便能轻松地解出来。

对于剩下的一些物理创新题，如问你在现实生活中应如何应用某个原理，我认为，要想解决这种题确实需要敢想、敢写。因为这种创新题一般是没有标准答案的，只要你开动脑筋，联系实际即可。然而很多同学却因为在考场中过于紧张，反而答不上来，这时就需要调整好心态，多读几遍题目，对原理多做深刻理解。这样一般就能增大答对题的概率。总而言之，对于物理的学习，重在平时的积累，重在考试时的心态，我相信，只要努力就能取得满意的成绩。

化学篇——知识就是一张网

我个人认为化学是一门十分注重细节的科目，“细节决定成败”的道理在这一学科上体现得较多。对于北京的理科生来说，一般在高二结束时化学就已经结课了，所有的新知识也就学完了。步入高三后，大部分人在一轮复习时就开始使用题海战术，甚至在高考结束前都一直是这样复习。我承认，对化学采取题海战术确实有一定的作用，但却不是最好的复习方法。我高三时，由于自恃化学基础还不错，于是剑走偏锋，开始脱离老师的复习节奏，每天都扎在题海中。可是后来，由于我自己不愿意总结，也不愿意翻书求证，仅仅凭借自己高中前两年对化学知识的掌握来做题，这才发现自己越来越不会做题了，经常连最简单的题都做错。后来经过我的反思，我发现是因为自己对知识掌握不扎实的缘故，同时我也意识到了化学课本的重要性。因为很多我有疑惑甚至完全记错、理解错的考点都能在课本上找到，而且课本上还有我曾做过的笔记，这可是一笔宝藏啊！从此之后，我开始对化学进行全面系统地复习，甚至自己琢磨出了一幅化学知识框架图，也就是化学思维导图，借此我对化学知识的掌握更扎实了，并扫除了自己知识上的盲点。知识就是一张网，而考题就是猎物，你编的网越牢固漏洞越少，你能捕到的猎物也就越多，得分自然也就越高。

在化学中，也有难题存在。我认为，化学的难点跟物理难点不一样。化学的难点在于题与知识的衔接，在于对题中情境的分析。当你对知识的掌握达到了一定的水平，你也一定记得许多化学常识，比如浓硫酸不易挥发，但是在 2011 年北京理综中的第 27 题中浓硫酸却能产生白雾。读题到此，一般人都会觉得十分疑惑而且感到陌生，而不自主地对此题心生畏惧，从而导致做不出此题。其实就因为这也是一道实验探究题，实验中所得的结果并不一定与你的预测是一致的，很多人就因为与自己的平时所记不一致便心生怀疑，而不是去仔细审题。做实验题就应该将自己置于题目的情境中，不论猜想与结果是否一致，都要理性地做出结论才行。

生物篇——方法可通用，“陷阱”要记牢

我想对于北京的考生来说，生物教材应该是个比较大的问题。全国大部分地区使用的生物教材都是人教版，而海淀区的教材是浙科版。对于这两个版本的教材，我个人认为人教版更适合于高中学习及高考复习，所以建议考生自备人教版的教材（如果本来就使用人教版教材，就不用再做准备了）。

对生物来说，首先我想强调的仍旧是考点，不管你用的教材是哪个版本，考点是不变的。所以同样的，你要做到熟记考点并灵活运用考点来解题。其次要强调的也是课本，对生物来说课本也同样重要，它是将题目答好的基础。最后也是要注重一些经典题，不管是选择题还是大题，你都需要记住一些经典题，以及一些经典的“陷阱”。例如2011年北京卷理综的生物题第29题第5小问中的“实验组”，记得我们第一次做这道题时，由于没有仔细审题，而将“实验组”看成了“对照组”，或者根本没有注意到“实验组”这一前提。全班只有一小部分人做对，而后来再次做这道题时，由于很多人没有记住这个“陷阱”，于是又做错了。经典的“陷阱”并不只是局限于某一小问、某一道题，它很有可能被应用于不同的考点以及不同的题型。你要做的，就是擦亮自己的眼睛，识破出题人的小把戏，成功得到分数。

这些方法在前面的物理篇以及化学篇都已经提到过，所以即使科目不同，学习方法的精髓也是差不多的。因此，学习方法不在于多，而在于精，能掌握好一种或者多种方法并灵活运用就能取得好成绩。

理综篇——各科顺序是关键，时间合理助成功

对于理科综合，我主要想强调一下做题的顺序以及各科的时间安排。一般情况下，我认为选择题还是不要分科来做，因为会浪费时间而且正确率不见得高。对于大题来说，我的做题顺序是先做物理，再做生物，最后做化学，这跟试卷中的题目顺序有点不太一样。因为我的化学还不错，所以就算剩给化学的时间不太够，我也不至于太过慌乱。不同的人自有不同的做题习惯，一定要认准一种做题顺序，并持之以恒地练习，千万不要随意而为。

至于时间安排，选择题建议用时 20 ~ 35 分钟，而大题建议每道题用时 10 ~ 12 分钟，如果超过 17 分钟还没能做出来，建议先放弃，做完后面简单一些的题再来攻克此题。答完试卷后，最好还能剩下 5 ~ 10 分钟来检查，主要检查选择题，可以将选项代入原题来检查，不需要再做一遍。对于物理大题，主要检查公式是否正确，一般能做出整道大题的话，思路一般不会错；对于化学大题，主要检查化学式以及计算题，计算题很容易算错，所以要多检查几遍；对于生物大题，也可以用代入的方法来检查，将答案填回去，甚至可以默念几遍，错误很容易被找出来。

以上就是我学习理综各科的经验及应试技巧，希望能对学弟学妹们有所帮助。祝高考顺利，清华等你来！

姓　　名：范　琪
毕业学校：福建省南平市顺昌一中
高考成绩：总分640　语文119　数学135　英语140
　　　　　文综246
院　　系：清华大学经济管理学院

各科高效学习方法与心得

回味高考，我不觉得那段时光是多么的黑暗痛苦。在高三的日子里，我能够有较为充足的睡眠，在各场考试中也能胸有成竹。最终考入理想大学，我想这是因为我有科学的学习方法，这大大提高了我的学习效率。下面我来分科目讲一讲文科生的学习方法。

数　学

数学可以说是文科生的生命，对文科生来说，高考考场上的成功多半是靠数学。

高考数学是有规律可循的，概念知识点、答题思路在多次联系以及整理后会越来越清晰。也就是说，刷题是必不可少的，但是要掌握好的方法。

一、文理数学兼做

对于文科生来说，想要在数学这门课上占据高地，只做文科数学是不够的。想要大幅度提高成绩就要文理科试题都做，同一份试卷，先做理科卷，再做文科卷，久而久之，你就会从理科卷中发现很多解答文科卷的思路，对一些不太明白的题目理解也将会更加深刻。而且，做完理科卷再做文科卷，那种下笔如有神助的感觉是会让人上瘾的。

二、循序渐进地做题好过一口吃成个大胖子

在一轮复习的时候千万不要贪图进度而放弃跟着老师从基础开始复习的过程。对于基础知识，掌握得越扎实越好，不仅仅是概念、定义，教材上的证明、例题都要掌握，做题时可以大大提高速度。建议在一轮复习的时候重点做小题，也就是选择填空，小题虽小但容不得出半点差错。五分一题，拿全了会让你的起步分就在 80，总分自然不会太差。如果一轮复习结束之后可以做到拿来一套高考试卷，选择填空题在 40 分钟之内解决，你就离成功不远了。二轮复习的时候要着手攻克大题，保证概率、三角函数、立体几何、数列一分不丢，圆锥曲线和导数第一问不丢分，第二、第三问尽量多拿分甚至不丢分。当然，在攻克小题、大题、专题的过程中也是要做完整的高考模拟卷的，正所谓考试的感觉不能丢。

三、每天整理错题，每天回顾错题

学习数学准备一个错题本能够让你事半功倍，特别是在高三这种每天卷子、作业、练习册如雪花飞一般的时候，错题本能够节约你找例题的大量时间。遇到好题，在考试中、平时做题中出现的错误都可以记录下来，在旁边批注上解题思路、心得感想。时常回顾，这将使你如虎添翼。

四、保证考试量

不管是学校组织的考试，还是自己的测评，要保证平均两天一次考试的节奏，这样你才不会手生。寒假之后更要有周日自己连考两到三份卷子的决心，高强度的考试会让你的思考能力提升，耐力增强，在高考考场上无所畏惧。

文 综

文综往往是让考生们头疼的大问题，文综的学习要从点滴做起。在一轮复习的时候就要扎扎实实地过一遍课本中所有的知识，不要怕苦怕累。这个时候要疯狂地背一遍，在二轮复习的时候才能运用到专题之中，三轮复习运用知识解决问题才能得心应手。

一、政治需要线索表

政治的知识较为零碎，但是政治也是文综里最好答的，因为只要你概念清晰、思路完整，得分就不会低。我的建议是制作政治线索表，如同思维导图一般，画出每一单元或者每一个专题的结构图。走在路上、排队打饭的时候可以拿出来挑一个板块背一背知识点，串一串线索，零碎的知识就会被各个击破。当线索在你的脑海中成形之后，就可以尝试着利用线索关系网来总结一个个的专题，可以是时政热点之类的，加入自己从政治、经济、哲学、文化各个角度的思考，在考试中你会惊喜地发现自己组织答案的速度提高了不少。

二、历史需要时间轴

历史是一门需要准确记忆知识点的科目。虽然近几年对于史实的考查明显弱化，但扎实的基本功是做好历史分析题的基础。历史也应该做线索表，以时间为轴，将古代、近代、西方、东方的政治、经济、文化大事件标注出来，利用零碎时间记忆。时间轴可以让你对同一时期的世界清晰了然，也可以利用自己所掌握的知识分析同时代两种文明不同趋势的原因和影响以及文明之间的相互关系。另外要对历史事件多多思考，了解它为什么发生，有什么条件使它发生，它的影响、对它的评价等。这些思考都会在高考试卷上体现出来，如果高考改革要更加重视学生的能力，那这种看中你思考分析能力的题目会让你更有优势。

三、在看图中学地理

地理可谓是文科中的理科，地球运动曾让多少学子扼腕叹息。学习地理既要有学习政治历史的刻苦精神，将该记忆的内容记清楚；又要有学习数学的思维与题型归类的意识。地理的学习复习是建立在图片上的，要多多接触各类图，遇到没见过的图最好剪辑下来汇总。同时要把地图摆在显眼的地方，经常瞅一眼，看看经纬度，看看地形，大有裨益。我在高三时和同桌在桌子上各贴了一张中国地图和世界地图，下课看，上课查阅时看，午睡醒了趴在桌子上看，总之是把世界映入了大脑，于是胸有成竹。

文综考试之中最让人害怕的不是大题而是选择题，在后期二轮、三轮复习的训练之后，大家都有了套路化的答题思路，在大题方面大家得分是较为平均的。然而文综选择题有 35 道，每道 4 分，做错一道都会让人后悔不已。所以，每天练一套文综选择，定时在 30 分钟内完成，这是 3 月份以后必须做到的。3 月以后，学校的练习可能不够做，要经常跑书店买当年信息卷和各校各地模拟卷，一方面保持做题感觉，另一方面从各地的模拟卷中可以看出高考的走势。

英　语

英语可以说是高考六门课之中最容易提分的科目了。一轮复习的时候要着重复习语法，把每个知识点落实好，弄明白。然后要保持一定的英文阅读量，这对于语感的提升和作文水平的进步是有很大帮助的。英文阅读不一定来自报纸杂志，繁忙的高三寸时寸金，平时做的英语套卷就是很好的训练素材。不妨做完作业对完答案之后将完形填空多读几遍，既保证了每日阅读量，又加深了对语法的理解。

英语之中非常重要的一个环节就是背单词。课本中的单词当然要掌握，课外的单词，如阅读短文里出现的生词，最好都能拿一个本子记下来并时常翻看。久而久之积累的单词多了，阅读和做题就更加轻松了。增加词汇量还有一个好处，那就是利于写作。阅卷老师如何在短时间内判断出一篇好文章呢？答案就是不重样的复句和替换简单词的短语或是高级词汇。比如 important，我们可以写为 significant; most importantly 可以写作 first and foremost。加上一手干净整洁的字，这种作文怎能不得高分呢？

做了这么多准备，应对英语考试刷套卷是少不了的。英语套卷从第一题开始到作文，用高考时间计时并且涂卡，平均两天一次。一年下来你会发现自己的英语成绩高出同学们的不止一点。

语　文

语文作为一门应试科目，重在整理和记忆。基础知识往往很散乱，比如成语和文言字词，我是直接画字典的。新华成语词典里不认识的成语被我用荧光笔画出来，从头到尾看了三遍；文言字词释义加例句我抄了厚厚一笔记本。

如果有纯记忆的东西比如古诗文默写，那绝对要下狠功夫重复记忆，一分都不能丢。文言文和诗歌我从高三第一天开始背，一直到高考前一天还在背，循环往复的记忆让人心里更加踏实。

建议寒假结束后着手买套卷，练里面所有的选择题，保证客观题上比别人有优势，这样总分一定不会太低。

主观题方面还是要多看看参考答案，参考答案会给出答题的思路，我们要做的就是在这些思路中找规律，知道下次碰到类似的问法该怎么回答。可以专门用一个小本子来记套路，就像记数学公式那样。

关于作文，其实还是需要一个较为清晰的套路，加上翔实的内容与真情实感。文章一开始用一段华美的语言引出主题，一定要开门见山，但是又要温柔有美感地“开”。之后可以围绕着讨论的问题展开阐述，这个问题是什么，为什么会出现这个问题，我们怎样去看待这个问题，怎样去解决这个问题，最后用一段自己的思考来结束整篇文章。通过这个思路写出的议论文结构很清晰，内容加入大量实例与客观的分析，只要不跑题一般都会得到高分。闲暇时间大家可以翻阅一些散文集，一来放松大脑，享受美的喜悦，二来积累些优雅的表达方式，为写好作文添彩。

说了这么多，还是要在高三路上奋斗的你们来亲身经历。作为高三的学生一定不能懒，一年的拼搏决定了你未来四年会遇到什么样的人，生活在什么样的环境，是不是在做自己喜欢的事情。每个人都要对自己的未来负责。

学习方法这种东西因人而异，这是我认为有效的方法。只要它可以帮助你学得更快、更多，就是有用的，最后预祝你高考成功！

姓　　名：许雪菲

毕业学校：江苏省新海高级中学

高考成绩：总分410　自主招生加分40　双选政史双A+

院　　系：清华大学人文科学实验班

高中生活：平衡的艺术

高中生活，在我看来就是一门平衡的艺术，能够平衡好个人兴趣爱好与学习生活的关系、主科与副科的关系以及远大理想与近期目标的关系，你就为最后高考的成功打下了坚实的基础。

第一个平衡，是平衡好个人兴趣与学习生活的关系。个人兴趣分为两种：一种是与学业直接相关的，比如你对一些奥赛的钻研兴趣，对阅读、写文章的兴趣；另一种是与学业间接相关的，比如参与体育运动、艺术活动。

对于第一种兴趣，我觉得最理想的状态应该是你的兴趣和学业实现最大化的结合。举个例子，我对阅读和写文章比较有兴趣，我在看一些文学历史类书籍时就会有意识地去积累一些写议论文可能用到但又不是那么大众化又有人文底蕴的事例素材，还有一些精彩的富有哲思的句子。有的人会认为应试作文束缚了我们的手脚，但在我看来，就像闻一多先生说的，创作就是“戴着镣铐跳舞”，在规矩之中我们仍然能够发挥出最大的才华和创造性，这才是理智的学生应该去寻求的突破口。但是，你为这部分兴趣腾出时间的前提，是你的学习成绩已达到一个较稳定的状态。比如，如果我最近一直保持在班级前十名，那我可以继续发展我的兴趣爱好；如果突然从前十名掉到前三十名，那就应该暂时放一放爱好，先专攻所学科目，等成绩提升稳定下来，再继续投入时间到你的课外兴趣之中，你应该给自己设定这样一个警戒线。当你觉得自己在感兴趣的方面拥有了一定的实力，想要获得认可，那么你可以去寻找相关的比赛来锻炼一下自己，也许你收获的奖项到了高三会对你参加自招有一些意外的帮助。但是参加比赛时不要因此而得失心太重，否则可能会给自己带来压力而影响你正常的实力发挥。

对于与学业间接相关的兴趣，适度发展，可以使你的学习更上一层楼。当你感觉到学习压力太大时，你可以给自己一些时间下盘棋、弹弹琴、跑跑步、唱唱歌或在学校里散散步，劳逸结合，学得会更有效率。我非常看重体育锻炼，在高三最紧张的时间段，我几乎每天都是跑步回家。我觉得长跑是我减压的一种非常有效的方法。建议同学们无论学业多么紧张，学校里的课间跑操都要尽量坚持，体育课也要认真对待。高考是一场硬仗，需要你有比较强的身体素质才能够拼得过别人，那么，从高一开始，就要坚持锻炼。

第二个平衡，是平衡好主科与副科之间的关系。高一，九门功课同步学，如果你分不清主次，找不出自己的优势科目和劣势科目，无法及时查漏补缺的话，很可能在学习中会感觉到吃力。高二，文理分科，在明确了你的分科方向后，你就可以有侧重地分配自己的精力。待到高三，需要形成自己的知识体系，去应对一些综合性较强的大题目。在这里，我想介绍一些关于语文学习的方法，供大家参考。语文在高考中的分量越来越重，而很多人会觉得在语文学习上的付出和回报不成正比。我想说的是，可能在语文上的投入见效没有数学、文综那么快，语文学习是一个逐渐积累的过程，你不能因为短期的付出没有成效而放弃努力。具体来讲，字音、字形、成语、病句是最基础的，在这方面可以专门准备一个小本子，记录你平常练习中遇到的一些生僻和易错的部分，常记常翻；课本中的必背篇目一定要背得扎扎实实，不能只为应付老师的短期检查，还要为高三的回顾打下基础。文言文这一板块，也是要积累常见的实词、虚词，常见的句型，对课本里出现的重要实词的注释要熟背，最好能够备一本《古汉语常用字字典》和最新版的《现代汉语词典》。诗歌鉴赏是比较难的题目，难就难在它的诗家语，和现在的语言习惯不同，很多情感比较隐晦，靠特定意象来营造，如果我们不了解古人的语言习惯，那么势必会给我们的理解带来障碍。这方面，我建议多进行专项练习，并且背一些教辅资料中总结的诗歌鉴赏技巧。对于文学类文本和论述类文本的阅读，这一板块一直到高三都是很多同学的软肋，建议也是进行专项练习，总结一些固定题型和答题思路，做多了就会感觉还是有规律可循的。做练习时最好选择历年的高考真题，一方面因为这些真题是经过名师精心打磨的，有一定的代表性，答案也比较权威；另一方面高考所选择的文章质量很高，有文采有思想，对于应试作文来说，也有可借鉴吸收的地方。最后是语文考试的重头戏——作文。就目前来讲，议论文比记叙文可能更容易写出彩。因为在短短八百字的篇幅里，如果是一篇记叙文，把握不好详略主旨的话容易施展不开，而对于议论文来说，八百字足够详细地论述一个你想要表达的观点，但我不否认记叙文写好了也可以打动人心并且拿很高的分数。议论文对同学们最大的挑战应该是论点和论据，论点要新颖深刻，论据要恰当不落俗套，这方面就是对我们思想性和阅读量的考查。所以，读书一定是高中生活中必不可少的部分。当下流行的材料和话题作文对于大家来说有两个新的挑战，第一个是审题，把握准最佳立意；第二个是拟题，题目尽量能够吸引人眼球。关于审题方面，可以专门找一些历年高考题中的话题作文，自己去审审，想想如果是你在考场上，你会从哪些角度写这个题目，再对比评分标准里给出的立意，琢磨有没有偏差，及时纠正，多练几次就会有进步。关于拟题，在你阅读一些优秀的小说散文时，有意识地去关注它的题目，再通读整篇文章，模拟作者当时的情境，想想这个题目作者是怎么拟出来的。对于写作能力的提高，我觉得阅读是非常重要的一个方面，读的内容不仅要关注历年高考的高分作文，更重要的是读名家的经典之作。老师通常都很喜欢文化积淀深厚的作文，将一些经典之作的名句或者读书心得穿插到你的作文中，会锦上添花。举个例子来说，狄更斯《双城记》的开头“这是一个最好的时代，这是一个最坏的时代”，这句话非常发人深省，我相信第一个引用它到作文中的考生一定让老师眼前一亮。但是这句话后来被大家用滥了，所以每个人就应该及时地去经典中挖掘一些新的东西。如果目光长远一些，你现在的阅读积累对你以后可能参加的自招面试大有帮助。就我个人而言，我读的书很杂，文学类、社会学类、历史类，都有，我还喜欢每周读一份《南方周末》，也喜欢关注新闻的深度报道，会看柴静的《看见》、窦文涛的《锵锵三人行》，还有胡一虎的《一虎一席谈》。看这些能够锻炼你的批判性思维，健全你的世界观、人生观，甚至让你感觉除学习生活外，世界是如此之大，矛盾困难是如此之多，你每天所纠结的成绩分数真的只是微不足道的小我，所以无形中起到了调整心态的作用。而这些在我后来的自招面试中，真的起了不小的帮助。最后，建议大家每周抽时间做一份语文综合练习，培养自己的应试状态及对考试时间的把握和分配能力，语文考试特别是到了高三时，你会觉得考场时间紧张，必须把时间精细化分配到每一分钟，及早训练这样的能力，到了高三你会觉得游刃有余。

第三个平衡，是平衡好远大理想和近期目标的关系。每个人心中都应该有一个闪闪发光的大学梦，清华、北大、复旦、南大，这些名字现在的你们可能会觉得有点遥远。如果当时有人告诉高一、高二的我说“你以后能够考上清华大学”，我一定也是一万个不相信。但是，你心中一定要有个真正能够打动自己的梦想，尽管最后不是人人都可以够到它，但它会成为你不断前进的强劲的推动力。无论遇到任何困难，想到那个梦想，你都会咬牙坚持下去。有了远大目标，你还需要有近阶段的详尽的计划。很多人会感觉自己原本列好的计划会被当天大量的作业打断，因而放弃制定计划。其实，计划不一定要规划得详细到小时甚至分钟，它最重要的作用是让你分清主次，抓住重点、弱科，并且时刻提醒你还有很多事情没有完成，让你更有效率地利用时间。每次大考之后一定要学会总结，不仅要总结这次考试有什么失误，也要总结这次考试哪些地方做得好，下次继续保持。只有不在同一个地方跌倒两次，你才会进步得更快。另外，你也可以为自己的考试成绩设定阶段目标，从第四十名到第十名的飞跃往往不是一步登天，而是从四十名先到三十名再到二十名，最后进入前十名的行列。就像周杰伦歌中所唱到的那样：我要一步一步往上爬，总有一天我有属于我的天。

刘瑜曾经说过这么一句话："教育不是使人深邃，而是使人天真好奇。"学弟学妹们，愿你们永葆天真好奇的状态，stay foolish，stay hungry。不要做纯粹的理想主义者，也不要做只会埋头读书不会抬头看路的书呆子，要适应高考的游戏规则，也要葆有自己的精神领地。祝你们每个人都能够实现自己的梦想，拥有一个海阔天空的未来。

姓　　名：周位鑫

毕业学校：河南省鹤壁高中

高考成绩：总分665　语文123　数学139　英语129

理综254　加分20

院　　系：清华大学工程物理系

坚定信念，梦想花开

转眼间高中三年过去了，昔日的点点滴滴依旧历历在目无法忘怀，走路、吃饭、学习、睡觉，所有的一切都会与高中的生活相联系。我想这是一种标记，一种伴随一生、永不消失的标记，这便是我理解的高中。高中生活结束了，虽带有不舍，但收获的果实令我欣慰，三年的努力终于开花结果。今日我有幸写下如此文字，只望君有所感悟，他日勉励自强，奋发有为，超越自己。

第一阶段（从入学到高二上学期结束）

（1）搞好同学关系。新生入学第一件事便是军训，那时我认识了班里的新同学，正是他们陪伴我走过三年，求学路上的坎坷荆棘，风风雨雨，我都不会畏惧，他们给了我走到今天的勇气与力量。同学既是对手又是朋友，那些与你竞争最激烈的同学定与你关系最密切，因为你会随时关注他们的动向，关注他们的一举一动，吸取有用的方法。你也许会希望他们考不好，但又为自己感到着急。这时你已经具备了超越对手的动力，不用担心，不用心急，慢慢来，只要默默努力，你会很快取得进步的。就我自己而言，高一上学期我前面一直有个孔德颖，每次考试我都落后于她，嘴上不说，心里确实很佩服她。之后我也从各个方面努力，最终成功逆转，获得了越来越多的同学的关注，人也变得开朗多了。从那以后，跟我开玩笑的同学越来越多。直到现在，我仍然记得班里的男生将我埋进雪里的场景，欢声笑语，不绝于耳。“在家靠父母，出门靠朋友”，高中同学会伴随你一生，搞好同学关系是一门交际艺术，那种纯洁的友情更是日后学习的得力助手。

（2）提前预习。有同学会问我课前预习是否有必要，答案在你自身。我的建议是需要。正如古人所说：凡事预则立，不预则废。课前预习正如做事前的计划，有了它做起事来才得心应手，游刃有余。多次听老师讲到“跑”，而我在去吃饭、回寝室的路上，一般是走，我要利用这段时间来列我的计划。这不是浪费时间，此时我的大脑依然在工作。有了课前预习才不会迷失方向，才会更有信心，而且学起来还会更轻松，印象也会更加深刻，掌握得更多。“良好的开端是成功的一半”，做好准备工作，会助你走得更远。随着习惯的养成，无论你多么忙，你都会找时间预习的。这会变成你生命的一部分。

（3）严于律己。老师会经常强调的一点，退步往往从不认真完成作业开始。我在这方面的理解是严于律己。高一有幸跟随学校的队伍到了北京，见识了清华、北大、天安门等。北大学子的演讲振奋人心，至今我还记忆犹新，其中便讲到这个问题。“严于律己，宽以待人”，这是每个成功者的准则。我还记得高一暑假在家度过的一个月，这个假期我本可以学一半玩一半，反正回到学校里也没有多少同学知道我假期里没好好学习的事。但也许是受其鼓舞，我制定了详细的月计划、天计划，严格执行：第 1 ~ 15 天写老师布置的作业，第 16 ~ 20 天预习物理，第 21 ~ 25 天预习化学，第 26 ~ 30 天预习生物，每天晚上学语文，中间的空余时间学数学竞赛。回到学校，我对自己的要求丝毫没有放松，抓紧一切时间学习，接下来的成绩自然很好，基本上保持在班级前 5 名。

（4）认识自身，补差强优。有很多同学都会遇到偏科的情况，我也是其中之一。自打初中起，我的语文就没好过，因此无论我多么努力，永远都考不到第一。这是我这一阶段学习上最大的问题。庆幸的是，我认识到自己的不足，便下定决心要学好语文。行动开始是在高一暑假，每天晚上都学，这是我的开端。开学后，由于我参加了球队，学习时间减少，但分给语文的时间一点都没少。不过这时语文成绩依旧落后，我很羡慕那些考 130 分的同学，但是“差”不能成为逃避的理由，所以我依旧没有放弃语文，坚持学习，终于我也考到了 130 分。这令我感到欣慰，比数学考满分还要高兴。需要铭记：不能因为补差而丢弃了强势科目。我一直为自己的数学感到骄傲，都知道高中数学难，正是因为难，我才更要学好，让其变成优势。因此数学作业是放在首位的。每次过完星期天，总会听到有同学抱怨：我要是做数学作业，仅仅只能写完数学，其他五科作业都写不完。如果我不做数学作业，就可以完成其他作业。即便如此，我依旧先写数学。在我的眼里，数学是要求完美的。大家听说过木桶效应吧，在补差的同时，更要优化强势科目。

第二阶段（从高二下学期到该年 10 月份）

战胜黑暗，迎来光明，远离心理问题。

有了光，也会有黑暗，而且光越强，黑暗越强。成功永远伴随着失败。这一阶段是我高中最为黑暗的时期，绝不逊于高三。如果我当初没有把握好自己就不会有今天的我。看着越来越多的同学得到了高考加分，而我的成绩稳定在十几名停滞不前，我心里很不是滋味，人也变得急躁了。有一段时间我不能平衡球队训练与学习的时间，不能平衡二者的关系。一方面球没练好，另一方面成绩又不好。难道我注定要以此回报我的父母、老师吗？时间过得真快，我该去参加比赛了，为我的 20 分而战。虽然满怀希望，但最后我还是输得一塌糊涂。将近一年的努力就这样付之一炬，我不是惋惜我的精力，而是心急比他人落后。这时进入一轮复习将近三个月了，虽说我没有丝毫优势可言，不过我不是一个轻言放弃的人，心里默默为自己鼓劲加油，一直期望回到原来的状态。天不遂人愿，无论我怎么努力，成绩丝毫不见起色。此时我早已加入了学校的熬夜大军，开始了挑灯夜读的生活。一开始，第二天上课我也会困，困了就立刻站起来，站到教室后面去听课，坚持了一个多月，终于能在上课时集中注意力。课堂效率有了保证，晚上熬夜也更有劲了，看着一旁苦苦冥思的室友，我还有什么理由停滞呢？我也拿起笔投入到紧张的学习中。晚上学习要有个度，可以先设定一个时间，到点就睡，我们寝室统一到 12 点休息。当然也可做一些自己感兴趣的事，提高兴奋度。努力总会有结果的。事情又有了转机，学校有一个棒球比赛，我该不该再去花费我的时间呢？心底的声音让我去。这场比赛直到10月份结束，最后我成功获得了高考加分。这是一场考验，一场可能会输得很惨的考验。再苦再累，一路走来都有收获。想起我高一立下的誓言，深感心目中的大学离我越来越远，此时的水平考个郑州大学差不多。我又变得极少说话了，我明白：清华只是少数人的归属，自己要加油，要竭尽所能去实现质的飞跃。

第三阶段（从11月到高考）

（1）老师是站在背后默默支持你的人。我在数学竞赛中拿了一等奖，这让我重新找到了自信，学起来也更加有劲儿了。事后想了想，应该是高一时每天一道竞赛题起了作用。这让我深切感受到老师是如此重要，这一切都要感谢我的数学老师权老师，是他教我这么做的。还有我的语文成绩一向不是很好，语文老师上课会发一张卷子，课堂上都能做完，可改正只好放在课下了。每周还有三个晚自习会发语文卷子，我知道自己的情况，对老师发的卷子认真地完成，老师也一直鼓励我。我有什么解决不了的问题都会向老师求助。我喜欢所有老师的旷达。老师会竭尽全力帮我们，相信老师。

（2）自主学习。学习过程必然包含自主学习。学习如逆水行舟，不进则退。有很多同学只会听老师讲解，从不会自己想办法解决。我最不喜欢有人问我题时说老师没讲过。我很少问问题。“师傅领进门，修行在个人。”遇见问题我喜欢自己琢磨，而且总喜欢研究一些难度较大的问题。自学一直是我学习的重点，当然听老师讲课也很重要。

（3）突破瓶颈，超越自我。我是一个积极求上进的人，我决不允许自己仅仅处在十几名，我要超越自我，永争第一。长时间的放松让我找不到紧张的感觉，一次又一次地回想，不断地革新我的方法。比如为了应对我的数学小题，我将16道小题分成类，做每类题应该注意哪些问题，都明明白白地写下来，每次考前必看，效果还不错。与高手过招，一两道小题见胜负，不敢稍有怠慢。最后冲刺阶段，搞定会做却做错的题，这足以让自己提升一个档次。我的错题本记录的不仅有错题，更重要的是解这道题时的心理感受以及突破思路，我还会找相同类型的题总结到一块，使自己完全掌握这类题目的解决方法。每科错题本应各具特色，像生物、化学某些题的答题语言必须力求准确，每次遇到都抄下来，第二天早起背诵，可快速提高。我有个考上武汉大学的同学物理大题全挂，高考理综考了234分，就是靠这样仅仅力求语言准确来取得的，他四轮复习前理综考230分左右，四轮复习时定时做套卷提高到250分左右，后来用那个本直冲280分。不少同学到最后认为高考能考成什么样已经定型了，保持正常节奏即可。其实完全可以拼一把，突破自己的瓶颈，追求更好的自己。我经过努力成功杀进前五，最终实现梦想。

（4）把握机会。这时期的考试特别多，每次考试都是重新审视自己的机会。考试前做好充足的准备是很重要的。无论是阶段性考试还是综合考试，考前一定要调整好自己的心态，心情的变化是会影响成绩的。我比较喜欢看我以前写下的笔记，笔记内容不是很多但都是我的死角，我还会抽时间去散散步，平复心情。利用好学校组织的各次考试，认真对待错题，每道题都当成最后一次做，坚决弄懂不留死角。平时同学之间的话题总离不开考试，大家都希望考试，这样可以有更多的空余时间，而且可以睡一个好觉，有充沛的精力。感谢考试吧，是一张张红与黑的试卷让我们不断提高。

当然，高中的学习是深刻的，这是我的宝贵财富，我只是选出一些片段与你分享。上面并非是一时的感想，都是伴随高中三年的，只是在某个时期突出罢了。最重要的是需要自己去经历，自己去总结属于自己的方法。祝愿每个追梦人最后梦想花开！

姓　　名：陈秋伊

毕业学校：江苏省新海高级中学

高考成绩：总分390　语文151（124+27）　数学130

英语104　历史A　政治A+　小高考4A加5分

院　　系：清华大学新闻与传播学院

洼地崛起，凤凰涅槃

有一个女孩，高一时由于没有协调好九门功课的时间安排，学习成绩严重滑坡，到了班里 20 多名，年级百名开外（在她的学校每年能考上清华、北大的学生大多以个位计数）；高二小高考（江苏的考查形式，共考查 4 门，90 分以上为 A，一个 A 高考加一分，4A 加 5 分）前的几次模拟考试中，以基本没有 A 的成绩，名列班级倒数；高三开学后数学成绩一落千丈，基本每次都在 100 ~ 110 分之间徘徊（文科数学满分 160 分）；在高考最后冲刺阶段，总因为精神不济而在学习时间上远远少于别人。

还有一个女孩，以中考全市第八名的成绩进入高中；高二分班以文科第一名的身份入班；小高考拿了 4 个 A；往往一般同学 9 点才能完成的作业，她 7 点左右就能高效完成；每天上课紧跟老师思路，听讲效率很高。

这样的两个女孩，你觉得她俩分别能考上怎样的学校呢？很多人的答案可能是落差非常大的。但是，我要告诉你的是：这两个女孩其实是对同一个人的描述，这个女孩现在就读于清华大学，她就是我。

每个人都不可避免地碰到困境，那些所谓高考状元或“大牛”们的采访记录或简历，大多是把最辉煌的一面写出来，为他们的成功加上一笔华丽的注解。但难道他们在学习生活中没有遇到过困难吗？我觉得比起成功的例子，失败后洼地崛起的心态更有学习和分享的价值。人说“高考三分靠实力，七分靠心态”其实不无道理。我的高中同学，平时在班级十名左右，高考前一天还优哉游哉遛狗的“淡定帝”，却取得了全省第二名的辉煌成绩。所以我觉得，良好的心态往往是学习、生活上困难的破冰斧。遇到问题时分析问题需要冷静，克服困难中寻求帮助需要开放，相信自己有实力有希望需要自信，适当调整学习和生活节奏需要灵活……

其实，遇到不顺的时候，焦躁烦恼伤感都是很正常的。如果没有任何感觉的话，要么是万里挑一的“淡定帝”，要么就是已经自暴自弃的“堕落兄”啦。有情绪千万不要憋着装坚强，这样会造成内伤，而且自己往往会越绕越乱，最好找人倾诉一下。找谁呢？这个范围就广啦，可以是给你提供心理安慰的父母，可以是给你技术指导的“亲民”老师，可以是给你提供经验借鉴的学长学姐，可以是“千磨万击还坚劲”的学校发泄室，还可以是最了解你的——你自己。是的，你可以对自己说话，有一个秘密的“心情日记本”，记录一些你不想展示于人的心理，写下你烦心的事儿，分析一下为什么会出现问题，最后写一点激励自己的话。比如我在自己的日记本里就会写“根据能量守恒定律，今天的不幸和挫折都是为了以后的辉煌！加油”（虽然是歪曲了定律，不过让自己充满动力就好）。你可以吐槽，可以发泄，但是别忘了发泄之后要给自己的“心情日记本”注入正能量，这样才会激励你勇敢前进！

当面对挫折和困难时，首要的就是非常规的自信。之所以说“非常规”，是因为在逆境中我们需要的是极度的绝对的自信，而在顺境中则保持淡淡的自信不张扬。比如小高考前尽管成绩倒数，可我依然相信自己有实力拿到4A；比如高考前，在理想高校一栏我就毫无顾忌地写下了清华、北大。先要敢想才能敢做，不要自己合上机会之门。

距高考不到100天的时候，我专门拿出一下午的时间，看了一本书——张德芬的《遇见心想事成的自己》和一部电影——《下一个奇迹》，其中都提到了一个有趣的“吸引力法则”，即当一个人的思想专注在某一领域的时候，相关的人、事、物就会被他吸引过来，心中所想越强烈，似乎就越容易看到结果。有些同学可能会说，这纯粹是唯心主义嘛！其实不然，只要有了非常坚定的目标，你整个人呈现的状态以及给自己的心理暗示都是积极的，自然会带动行为上的进步。归根结底，就是敢想敢做，对每一个机会不抛弃不放弃，屡败屡战！

信心有时不仅源于自己内心的能量，也可能是客观条件给予的。比如大多数同学对自己的强势科目就很有自信，相应地学习也会进入良性循环。那么，如何为自己创造如此的条件呢？

在语文、英语这两门需要积累的科目上，我个人采用了超前学习的办法。英语提前背背单词，学学语法，这样别人在学这些内容的时候，你已经往一个更高的层次迈进了，学习自然变得更轻松；

语文的字音字形，美文名句摘抄背诵，各种题型思路的总结概括，都是高一到高三通用的，提前积累可以使你获得更广的知识面，超越其他人。形成学科优势以后，也就获得了信心，老师的表扬欣赏，以及同学的赞扬、请教，都会激发你精益求精的动力。当然，自信但不自傲是很重要的，如果因为学得好就放松了，想吃老本，最后的高考还是会跌大跟头的。

在具备了舍我其谁的自信以后，有没有具体的行动，就是空想家和梦想家的区别了。

从宏观来说，我们应该及早确定文理科意向，定下一所理想大学作为目标，这个大学最好是跳一跳可能会够到的，而且要比较明确。著名导演詹姆斯·卡梅隆说过："如果你定的目标比别人高一些，尽力去拼搏，即使最后并没有达成预期，也仍然会比别人高出一些。"定下目标后，要付出努力是毋庸置疑的，但如果能把自己要达成的目标和现阶段水平之间的差距量化，则会使行动更有计划性和动力。你可以列举一下考取理想高校的途径：保送（现在基本取消）、自主招生、领军人物、裸考等。然后找出近几年的相关资料和大致分数线与现阶段自己的奖项和成绩做对比，找出差距和专攻领域，再具体分配到每个学科，哪一门通过努力能提高多少分，哪些专项还有提分空间，怎样提分，在哪个阶段要专攻哪一部分……把这些都列在一张大表上，每天按计划完成，这样一来，大目标加上细化的小目标，是不是有一种豁然开朗和志在必得的感觉呢？

从微观来说，"学科瓶颈"或是"弱势学科"这样的标签不知成了多少学子的噩梦。往往我们都倾向于学习自己擅长的科目和专题以获得成就感，而对于一些困难的部分可能一拖再拖甚至避而不见，造成恶性循环。所以，如何处理这种现象也成了很重要的问题。正如我之前所说，心态很重要！坦然地承认、面对自己的弱势吧，不要遮遮掩掩。有时你以低姿态示弱反而能使更多人帮助你，觉得你很真诚上进，而且他们也能通过对你的帮助获得相应的成就感和满足感。再者，这样才能合理制定针对自己的计划，因为不同层次的学生在学习和考试中都有不同的重点区域和必守防线，如果没有清醒的认识而盲从一些“大牛”们的学习节奏，最后可能千疮百孔。所以，不必害羞或者伪装，真诚面对自己并在自己的强势上帮助别人，才能形成良好的互动互助氛围！还有的同学面对弱势科目和困难直接选择逃避，这是完全不对的，有时候给自己适当的压力和任务才能实现质的飞跃。比如我在高三的数学课上就会给自己规定任务，每天都争取发言，表达自己的思想和解法。也正因此，上课时我精力更加集中，积极思考多种可能性，带动了思维的全面拓展，与老师的交流也增加了，赢得了老师更多的关注。此外，自己真正参与其中时，对题目和知识点的记忆也尤为深刻，慢慢就有了兴趣和动力。这叫“被动却愉悦认真的学习”。

接下来，再以我的数学为例，讲讲从具体方法上如何攻破弱势科目吧！我的数学在高中期间经历了波浪式的浮动，但基本上一直都在拖我的后腿。最夸张的就是高一的一次考试，语文、英语都考了全班最高分，可加了数学成绩就变成十几名，也因此导致我形成一个观念——我的数学就是弱项。而一旦有了这样的主观认定，就很难在这门学科上提起兴趣，也会把失败看作理所应当的事了。我曾经迷茫了整个高一阶段，直到高二的分班考试第一的成绩带给我一些自信。由于我吸取了高一的教训，不再死做题，甚至不再熬夜刷题，不会导致第二天精神不济上课效率低下。最终我高一的漏洞不再恶性循环地影响我的成绩，高二的数学竟然跻身班级前列，也让我越发有动力。

这个阶段的成绩回升带给我的启发是：要给自己正确的定位，即使你身边有很多可以考满分的“大牛”，也要根据你现阶段的成绩理性地制定计划和目标，不要因为大家都在刷难题就盲目从众。如果你的这门课成绩确实不好，那么重点就要放在书本概念、知识点和听课笔记上。我们老师曾做过一次试卷分析，把试卷上的每道题对应到书中的知识点以及他上课讲的例题，结果发现上课的题目有些可以类比或推导到试题。知识点就是书上固定的那么多，出题也万变不离其宗，这点适用于各个学科。

但是，经历了高二的辉煌后，也许是因为暑假学习效率太低，我刚上高三数学成绩就莫名其妙地一落千丈，有时自己都很疑惑为什么会做错这种题。越这样想，下次考试心里就越紧张，形成一种消极的心理暗示。后来我理清思路，对试卷做了细致的分析：基础题不该丢分的丢了多少分，因为粗心或概念不清丢了多少分，难题有步骤能拿分的是否拿到……这样一来，就很容易地找到了自己的最近提升区，加上之前培养的自信，我觉得既然问题和解决方法都找到了，剩下的只需要努力即可，又有何难！

高三的这次洼地崛起，需要的不仅是理智分析，逐个击破的方法，更是临近高考顶住各方面压力的冷静心态！与之前不同的是，在这个阶段，必须把知识点连缀成知识网，因为最后的综合复习阶段，很多是关联解题的，比如数学的三角函数问题可能用向量解……每次考试前，不妨拿出考纲，自己写写画画，标注一下每个知识点都有哪些易错点，都能跟另外哪一部分联系在一起考查。这样在考场上才能打开思路。针对粗心，还有一个很有用的小方法供大家借鉴：把每次的草稿纸写得工整一些，写每道题的草稿时在前面标明题号，每题之间留有空隙，划分区域，不要挤成一团。听起来可能特别简单和难以置信，但是经过我和同学的亲身实践，真真是非常有效！由于粗心而做错题的概率基本为零，最后我的高考数学也没有一处因粗心或审题错误而丢分的。

正如之前所讲，冷静理智很重要。有时自己手足无措的时候，不妨尝试把自己抽离出当前的混乱，好好理一下思路，从长远考虑。高一时我也曾被九门课轮番轰炸得焦头烂额，不管如何分配时间都不太合理且非常紧张。尤其在考试前复习物理、化学时出现焦躁郁闷情绪。后来通过和妈妈的聊天，我确定了自己的长处和兴趣都在文科，而文科小高考对物理、化学的要求并没有那么高，心里瞬间释然了许多。所以，及早确立方向和目标，才能让自己少做无用功，把更多的时间分配给对高考更重要的科目，而不是被捆绑于错综无绪的状况里。

不过有时候，单凭自己的力量很难做到冷静理智地分析，我们可以寻求帮助，家长、老师、学长学姐，一定要充分利用好身边的资源，有时一个人想破头也不及旁观者一句话让人清醒。学长学姐又分为两类：一种是关系亲密而且有类似经验的，可以向他们倾诉，求指导；另一种是成功考入了你的理想高校的，可以请他们帮忙分析一下差距，有时聊到的一些学校生活的细节就能激励你。我在高考前和清华的一个姐姐打电话，当时晚上十点多，她说她在操场上散步，埋头于作业的我瞬间产生了无比的向往，觉得那场景是